Collection Témoignages
dirigée par Michka Seeliger-Chatelain et Tigrane Hadengue

ISBN 978-2-84594-366-7
Mama Éditions, 1 rue des Montibœufs, 75020 Paris (France)

DANS LE SILENCE
DE L'AMOUR

De la même autrice

Le Soin,
De la douleur à la douceur (coffret)
101 cartes de visualisation, 101 pages de guérison
Mama Éditions, 2021

Splendeur des âmes blessées,
Libération
Mama Éditions, 2018

De la douleur à la douceur,
Transmutation
Mama Éditions, 2014

Élévation,
En chemin vers l'amour
(signé Agnès Avril)
Altess Éditions, 2002

AVERTISSEMENT DE L'ÉDITEUR

Agnès STEVENIN

DANS LE SILENCE DE L'AMOUR

MAMA ÉDITIONS

À mes filles Clara et Laura,
merveilleuses thérapeutes.

À Irina, ma toute petite.

Après la lecture de mon précédent ouvrage, la journaliste Élisabeth de la Morandière m'avait envoyé une phrase de Victor Hugo: « La lumière est dans le livre. Ouvrez le livre tout grand. Laissez-le rayonner, laissez-le faire... ».

Puissent ces nouvelles pages accueillir la lumière, diffuser une vibration de paix profonde, et s'harmoniser avec l'amour qui réside dans vos cœurs.

INTRODUCTION

Début juin 2018, deux mois à peine après la publication de *Splendeur des âmes blessées*, je fus submergée par un nouvel appel à écrire, que je n'avais pas imaginé si précipité. J'avais pensé me reposer un moment, reposer mon cerveau des efforts que représente l'écriture d'un livre lorsque l'on continue, par ailleurs, à travailler. J'avais envie de laisser passer l'été, de me laisser vivre, puis de m'engager doucement, pourquoi pas vers la fin de l'année. Puis j'eus la chance d'être invitée au Salon du livre de Vannes.

Le bel accueil reçu, l'insistance avec laquelle les lecteurs me demandaient de continuer, d'écrire encore, la présence souriante de mes illustres voisins de table devant leurs piles de livres... Toutes ces rencontres, ces émotions heureuses et cette complicité me donnèrent tant d'enthousiasme que, dès mon retour à Paris, attendant mon premier patient de la semaine, j'ouvris dans mon ordinateur un dossier intitulé *Rocky 4*.

Quatre, comme quatrième livre.

Je n'avais pas pris la mesure de ma fatigue et, de séances de travail en week-ends de conférence, sans oublier un atelier de l'Enfant intérieur – passionnant, mais d'une certaine manière assez énergivore –, rien n'avançait vraiment.

La rencontre à Lorient de Chantal Dufief, propriétaire avec son mari Philippe de la librairie Quand les livres s'ouvrent mit un terme à ces semaines d'illusion. En route vers le délicieux dîner qui suivit la conférence, elle me donna le meilleur conseil qui soit : « Agnès, avant de vous lancer dans un nouvel ouvrage, laissez du temps à celui-ci. Respectez votre livre. N'allez pas trop vite, laissez-le vivre, se déployer, et trouver son public. »

Sa force de conviction était telle qu'elle me toucha profondément. Elle éveillait en moi l'écho d'une phrase de la grande dame spirituelle que fut Marthe Robin, phrase que l'on peut lire devant sa maison de la Drôme : « Recueille-toi mon âme, écoute et fais silence. »

Oui. Avant toute chose, faire silence.

Me recueillir, aussi, le temps qu'il me faudra.

Ralentir, et ressourcer mon âme.

Neuf mois passèrent, qui mêlèrent cette part si précieuse à une autre, celle de la vie quotidienne, faite de mon activité de thérapeute, de vacances ensoleillées, d'un déménagement, de soucis ordinaires et de vives inquiétudes familiales, mais surtout d'un tout nouveau statut, celui de grand-mère comblée.

Enfin, pas à pas, l'écriture revint me chercher.

Compte tenu du temps qu'il me faut pour rédiger un livre, je savais que je laissais toute latitude à mon livre précédent de « se déployer ». Le titre se manifesta à moi (effaçant *Rocky 4*) lors de la lecture d'un ouvrage du père André-Marie, *Le Rêve d'un monde meilleur*. De cette manière exquise qui nous prend tout le corps et tout l'être, et nous donne la certitude que ce que nous ne cherchions pas encore, nous l'avons trouvé.

À la fin d'un paragraphe sur le baptême, je découvris ceci : « *(...) Il n'y a rien à voir, rien à comprendre, mais tout à accueillir à un autre niveau, à accepter, à découvrir amoureusement dans le silence de L'amour.* »

Dans le silence de l'amour...

Ces quelques mots, en parfaite adéquation avec la thématique que je désire développer dans ce livre, me maintiennent dans la vibration pure de ce qui se vit lors des plus belles séances de soin, dans un espace de grâce absolue, de bonheur donné et reçu, d'enchantement partagé, de plénitude de l'âme mais aussi de l'humain, puisque ces deux dimensions n'en sont qu'une, celle qui nous constitue.

Je souhaite, comme une suite à mes précédents livres, continuer à témoigner, partager, transmettre ce que je connais, ce que j'ai appris. À faire part de mes découvertes. À rendre compte de mes compréhensions soudaines, de l'apaisement qui s'installe chez mes patients, lorsqu'en lien avec des difficultés insondables, émergent inopinément des révélations, ou bien un enseignement précis les éclairant de sa subtilité.

Ce nouvel ouvrage, comme les deux autres, est destiné à offrir de l'information à ceux qui sont attirés par une réalité autre, tout autant qu'à ceux qui ont besoin de pouvoir poser des mots sur des sensations ressenties.

Donner un accès à la vie professionnelle du thérapeute, dévoiler « le fonds de métier », comme me l'écrivit une lectrice, permet une meilleure connaissance de soi, une autorisation à prendre en compte ses intuitions, et à en faire usage. Parfois aussi à oser se lancer dans le domaine du soin, si longtemps réprimé.

Une résonance très profonde entre mes paroles et ce que vous vivez – parfois c'est un puissant appel – s'installe au fil du texte.

Voilà ce que vous êtes si nombreux à me dire.

Alors je vais continuer.

Pour l'avoir fait dans chacun de mes livres, je ne décrirai pas de manière détaillée mon mode de travail. Il peut d'ailleurs se comprendre au travers de la lecture des séances. Mais pour ceux qui ne me connaissent pas, voici un rapide éclairage.

Il est courant d'utiliser le mot « don » lorsque l'on parle d'aptitude à soigner avec les mains, voire à guérir les blessures physiques ou psycho émotionnelles à partir de sa propre énergie, ou de celle que l'on peut canaliser à travers soi. Cela fait pourtant partie de notre capital de naissance. Tous les êtres humains portent ces capacités en eux et peuvent les mettre en pratique s'ils en ont le désir, et s'ils les développent. Mais bien sûr, de la même manière que chacun d'entre nous peut dessiner, jouer d'un instrument de musique, ou avoir la maîtrise de son corps pour danser, seuls certains atteignent une qualité de maîtrise qui transforme en art leur aptitude naturelle. Voilà ce qu'est un don: une capacité, parmi nos nombreux potentiels, avec laquelle on se sent en harmonie au point de vouloir la faire fructifier.

Mon don personnel est de savoir me mettre en état de réception avec des énergies de haute fréquence dans un contexte de soin donné en présentiel – plus rarement à distance –, et d'agir à plusieurs niveaux. J'entre dans un état de perception qui me permet de m'accorder à mon patient, de ressentir ses émotions, même celles qui sont enfouies, occultées, et, par ce biais, de l'aider à libérer sa sphère psychoémotionnelle de souffrances actuelles ou anciennes. Ce travail énergétique précis et profond permet aussi de soulager certaines de ses douleurs physiques. Il nous met également en lien avec la magnificence de ses corps spirituels, s'il a développé cet aspect de lui-même.

Pour résumer, voici une présentation de mon travail qui m'a bien plu. Elle est écrite par le journaliste Aubry François dans le beau magazine *Chemins*, de septembre 2020 : « Dans son cabinet parisien, elle pose chaque jour un baume de compréhension et de libération sur des blessures et des traumatismes qui, de notre point de vue d'humain, nous handicapent, mais qui, en prenant du recul, sont des voies d'évolution spirituelle. »

Ceux qui viennent me voir sont d'une diversité totale. Il est très agréable de constater qu'il ne s'agit pas d'un petit club en quête de bizarre, mais bien de femmes et d'hommes provenant de toutes les couches de la société, exerçant souvent des activités ultraconcrètes dans tous les domaines, comme les policiers, les militaires, les hauts fonctionnaires, tout autant que les mères de famille, les jardiniers, les artistes, les boulangers, les médecins, les psychologues, les ostéopathes, les consultants en entreprise ou R.H, etc. Sans oublier les journalistes.

Au fil du temps, j'ai remarqué une chose intéressante : il existe un lien énergétique entre nos patients et nous. Ils sont attirés magnétiquement, pourrait-on dire, ou vibratoirement, sans en avoir toujours conscience, vers ceux qui ont porté les mêmes souffrances qu'eux, c'est vraiment étonnant. Même avant d'avoir publié mes livres, de nombreuses mères ayant perdu leur enfant faisaient appel à moi, parmi un choix de plusieurs thérapeutes. Leur intuition les guidait vers quelqu'un qui, les comprenant de manière intime, pourrait peut-être mieux les aider. Presque tous les thérapeutes que je connais portent en eux (ou ont porté, car nous nous sommes bien guéris à force de travailler sur nous-mêmes !) une ou des blessures qui « appellent » leurs patients.

Très peu de personnes vivant de grandes douleurs physiques me contactent. J'ai eu la chance d'avoir un corps en excellente santé toute ma vie, et il me manque certainement la disposition qui me permettrait de *reconnaître* le calvaire enduré par les personnes porteuses de maladie grave, de traumatismes physiques ou de handicaps. En revanche, les « blessures de l'âme », je connais ! Je me retrouve dans de nombreuses problématiques vécues par mes patients, ce qui me permet de mieux les aider.

Dans ma pratique, l'aspect féminin – et peut-être plus particulièrement encore, maternel – est prédominant. Je n'ai jamais rien fait pour être ainsi, cela fait partie de ma nature. Je suis touchée au fond de mon être car je vois la vulnérabilité de la personne, je vois ses fragilités, et, comme une maman, je viens la soulager. Lorsque je soigne, je me laisse emplir tout entière par une énergie merveilleuse, que je ressens comme l'Énergie de la grande Mère. Énergie d'amour, de compassion, de bonté, énergie qui enveloppe, qui met la personne dans un cocon de bien-être et de sécurité.

J'ai réuni dans ce livre des textes privilégiant l'amour dans la dimension humaine, et d'autres orientés vers son acception spirituelle. La spiritualité est essentielle à mon travail ; plus encore, elle en est co-substantielle. Je les ai placés comme il me semblait juste. Il n'y a pas vraiment de plan précis, de suite logique ou de chronologie. L'impératif que je me suis donné, c'est d'aborder des thématiques essentielles – la mission de vie, la maladie d'un enfant, l'explication karmique des épreuves, la nostalgie des plans de lumière, le suicide, etc. – et d'être claire.

De nombreuses pages sont consacrées à décrire des vécus personnels qui me paraissent relever de l'expérience universelle et me donnent l'envie de les partager. Certains textes, assez nombreux finalement, prennent source dans des dimensions autres : c'est un peu mon ordinaire. Je considère qu'aujourd'hui *il faut dire* : nous ne devons plus nous taire ! Le monde est infiniment plus riche que ce que l'on nous enseigne, et il n'est plus acceptable de considérer comme relevant du mythe, des contes pour enfant ou de la science-fiction (encore moins d'un mental dérangé) des domaines tout aussi réels que ceux de notre quotidien limité. Il est plus que temps de nous ouvrir à d'autres réalités.

J'ai le bonheur d'être soutenue par deux éditeurs à l'esprit et au cœur ouverts qui m'ont enjoint, une nouvelle fois, de ne pas me censurer. C'est chose faite, surtout vers la fin du livre.

Dans les deux cas, récits détaillés de séances et expériences intérieures, je souhaite mettre l'accent sur ce qui constitue notre quête, source essentielle, en substance, de notre venue sur Terre, nous permettant d'atteindre à la plus grande puissance de vie : l'amour. Aimer. Être aimé. S'aimer soi-même.

Fusionner avec le divin.

L'amour, c'est le don de soi, la compassion, la bienveillance, la compréhension, l'acceptation, la bonté, la paix du cœur... Pures merveilles qui nous permettent d'accomplir le meilleur avec facilité. Feu intérieur bouillonnant de douceur unissant dans une danse intime, contemplation, ferveur, dévotion, adoration, mais aussi bien tendresse, plaisir, et abandon des corps.

Plus encore, l'amour est la grande force imprégnant toute chose, qui soutient les mondes et épouse le vivant. L'énergie de création première. Le lien à notre essence. L'origine.

Je souhaite faire résonner la vibration spécifique qui nous unit, nous relie et nous donne l'accès au mystère : l'amour, émanation de notre âme, de la vie lovée en chacun de nos êtres, nous permet, en une élévation silencieuse, d'accéder au sacré.

Il y a urgence. Le message bouleversant de l'ange gardien de Patricia Darré, qu'elle nous transmet dans son nouveau livre *Mes rendez-vous avec Walter Höffer,* est sans équivoque : « Car le seul but ici-bas, c'est l'amour. Il n'en est nul autre. Et si nous le perdons en chemin, nous perdons notre existence ».

J'ai écrit cet ouvrage comme un remerciement pour ce que vous, mes chers patients, participants à mes ateliers, lecteurs, et aujourd'hui, vous, chers auditeurs de mes conférences, me faites vivre. Avec une infinie gratitude pour ce que vous me donnez jour après jour, au fil de vos questions, de vos visites, et de vos magnifiques courriers : une sensation d'osmose, source de bénédiction. Je souhaite toucher vos cœurs à nouveau, dans la douceur qui embellit nos séances, toucher vos cœurs au plus profond, dans cet amour sacré qui si souvent se révèle.

Plus que tout, je souhaite parvenir à laisser couler entre mes lignes la vibration de celles et ceux, « là-haut », qui m'accompagnent et m'aident depuis longtemps.

Tous ceux de la lumière.

Ceux des mondes du silence.

Le silence de l'amour.

All you need is love

« All you need is love...
... Love is all you need ! »

En septembre 2019, confortablement allongée sur le siège arrière d'une voiture, je regardais défiler les arbres de Dordogne aux couleurs automnales, lorsque le célèbre refrain des Beatles résonna, déclenchant mon enthousiasme. Non pour la chanson dont je n'ai jamais particulièrement apprécié l'arrangement musical, mais pour la teneur de la phrase, tellement d'actualité !

Oui, nous avons besoin d'amour...

Nous n'avons besoin que de cela.

Et c'est bien de cela que je veux parler dans ce nouveau livre, avais-je pensé alors.

Quelques mois plus tard, nous vivions avec la Covid-19 des bouleversements mondiaux majeurs, qui inféraient un sens nouveau à cette affirmation. Il est intéressant de prendre un peu de recul sur les faits. « Derrière la crise sanitaire de 2020 se profile clairement une profonde crise existentielle, une crise intérieure à laquelle la crise extérieure sert simplement de miroir », écrivit en novembre le Dr Patrick Baudin dans un courrier collectif très inspirant.

Ces dernières décennies, l'humanité dans son ensemble a grandi en conscience et chacun se rend compte des résultats désastreux de notre cynique système de pensée matérialiste orienté sur la consommation à outrance, la recherche du profit et la toute-puissance des grandes banques, ainsi que du danger représenté par le pouvoir illimité détenu par une infime minorité de milliardaires.

Dégradation effroyable de notre planète par la pollution de l'air, des eaux, des sols, déforestation, pillage de ses ressources, sans-abri par milliers dans nos villes, travail des enfants dans des conditions monstrueuses pour que nous puissions utiliser des smartphones toujours plus performants, cruauté sans nom envers les animaux, malbouffe industrielle qui induit l'obésité, qui occasionne de dramatiques « maladies de société »... Ce ne sont que quelques exemples. L'humanité est en danger.

Nous devons changer.

Ce que nous observons depuis des mois, ces pressions, compressions et restrictions multiples sont le processus indiquant l'important travail d'accouchement de nous-mêmes que nous devons déployer pour y parvenir. Nous vivons des douleurs d'enfantement. Une naissance à autre chose nous attend. Vu sous cet angle, ce n'est plus angoissant. Il y a un plan derrière tout cela. Le monde tel que nous le connaissions est en train de disparaître.

Pour éviter de sombrer dans l'angoisse planétaire, nous sommes invités à nous positionner franchement.

Nous avons plusieurs choix.

Tout d'abord, celui de décider de ne pas adhérer à la peur d'une intrusion virale mortelle qui pourrait revenir cycliquement en nous rappelant que l'être humain, s'il est aligné sur les plans psychique, mental et spirituel, protège son corps au mieux. C'est un fait qui n'est pas à prouver. C'est aussi une réalité vibratoire. Plus nous nous « élevons en fréquence », plus nous nous accordons du temps d'introspection, de méditation et de silence, en nous calant sur la formidable énergie d'élévation qui s'est invitée sur la Terre, plus notre lumière pourra rayonner. Aucun virus ne pourra s'installer.

Nous avons le choix par ailleurs de décider de ne pas sombrer dans la croyance que nous sommes totalement *impuissants* face à un plan machiavélique, transhumaniste. Nous sommes tous inter-reliés, et ce qui touche l'un affecte les autres. La peur des uns affecte les autres. Mais les émotions et intentions positives le font également. Grandissons plus encore en conscience.

Rappelons-nous que l'ombre, malgré les apparences, est au service de la lumière. De nos deux premiers choix découle le troisième : revenir en notre centre.

Nous sommes, chacun à notre niveau, les moteurs, les acteurs de cette situation. Nous avons une immense responsabilité. Il nous est proposé au travers de cette crise de reconquérir notre pouvoir personnel : retrouver notre connexion à notre âme et nous rappeler enfin notre pleine puissance. C'est la raison pour laquelle nous nous sommes incarnés.

Face aux vents d'angoisses multiples qui soufflent sur le monde, il devient urgent – car c'est un outil de résistance aussi puissant que les manifestations, rébellions et révoltes – de guérir individuellement nos histoires, nos peines, nos blessures et nos peurs. L'enjeu, c'est notre transformation, et ce travail – la reprise de notre pouvoir abandonné en d'autres mains –, il est l'heure de le faire. L'heure, pour utiliser l'expression de mon neveu Pierre Mendras, enseignant de yoga et chamane, de « la remise en mouvement dharmique ». (Dans le sens hindouiste de bien, vertu, droiture, justice.)

Lâchons sans regret notre conscience égocentrique, égoïste, narcissique, et ouvrons notre cœur. C'est par cette dimension que tout peut changer. Installons en nous des valeurs d'intégrité, de solidarité, d'entraide et de compassion pour nous extraire de cette « matrice » qui fait de nous des êtres limités, oublieux de qui nous sommes vraiment, c'est-à-dire des êtres d'amour et de lumière. Bien sûr, cela ne se fait pas si facilement. Mais la guérison émotionnelle est impérative pour chacun d'entre nous. Il existe aujourd'hui de nombreuses thérapies brèves efficaces qui nous aident dans ce mouvement.

Nos souffrances non guéries induisent la violence envers nous-mêmes et autorisent la violence extérieure que nous subissons. Purifions nos mémoires, libérons-nous du poids de notre passé. Visitons nos parts sombres et libérons-les, afin de sortir de notre boucle de répétition et de l'épuisant schéma bourreau – victime – sauveur. Faisons-le afin de pouvoir enfin, réellement, nous *incarner*. Être droit dans nos corps. Il est de notre devoir d'abandonner pour toujours les postures délétères qui nous rendent peureux et impuissants.

Alors, sortis de la souffrance et ayant pris la responsabilité de notre vécu, nous serons capables d'inverser le paradigme qui nous a menés dans l'impasse et d'aider à la création d'un monde meilleur, ce monde de liberté, de paix et de respect auquel nous aspirons : nous aurons cessé de réagir à la dictature de la peur et ne choisirons plus la colère, la soumission ou la compromission, où qu'elles se logent. La maladie ne viendra plus chercher à nous enseigner ce que nous aurons compris.

La fréquence vibratoire de la Terre est en train d'augmenter. C'est une réalité physique qui se mesure en hertz, et non un délire d'illuminés. Elle n'a jamais tourné aussi vite sur elle-même : il a été observé par les scientifiques britanniques du National Physical Laboratory que sa rotation avait sensiblement accéléré en 2020.

En langage non scientifique, on parle d'Ascension. Il est dit qu'elle passe de la troisième à la cinquième dimension. Cette ascension induit la nôtre, car nous sommes ses enfants. Nous allons quitter progressivement l'état d'êtres installés depuis des millénaires relié à la troisième dimension ou 3D, état dans lequel nous fonctionnons avec des capacités psychiques bridées, avec un ADN dont deux brins seulement sur douze sont activés, pour rejoindre vibratoirement la 5D, puis continuer notre élévation vers des dimensions bien plus hautes et vivre à terme l'éclosion des dix autres. C'est une ascension de conscience, qui correspond à une période d'évolution accélérée. Elle se vit quand nous restons incarnés dans notre corps physique.

En clair, nous allons quitter l'expérience de la séparation, de la dualité, des émotions douloureuses, et rejoindre progressivement l'état d'unité et d'amour. Nous ne serons plus « coupés », isolés. Nous saurons au cœur de nos cellules que nous venons de la Terre et aussi des étoiles. La lumière est à venir. Nous sommes en complète transformation. Nous traversons un goulot d'étranglement dont nous ignorons la durée, mais ce qui est évident, c'est que plus nous nous délestons de notre charge émotionnelle, plus nous nous allégeons et plus vite nous rejoindrons d'autres dimensions. Beaucoup d'êtres humains ont déjà atteint la quatrième, qui est un état de pacification intérieure, avec des moments de joie plus installés, dans laquelle vibrent beaucoup moins les peurs. Cela n'empêche pas des retombées occasionnelles dans la troisième dimension mais autorise des percées dans la cinquième, qui nous plongent dans le bonheur.

Le choix est nôtre de profiter de cette opportunité de transcendance spirituelle, ou bien de continuer à nous embourber dans le nuage de nos peurs et de nos négativités.

Ce temps de métamorphose est unique dans l'histoire de la Terre et de l'humanité. Il invite à la guérison individuelle – qui permet donc de nous alléger collectivement, bien plus vite qu'auparavant. Cet allègement libère la Terre.

Tout se passe conjointement.

Nous voici obligés de nous lancer dans une transition majeure qui nous mènera de la conscience d'adolescent égoïste qui est encore la nôtre à celle d'une humanité mature, libre et éveillée. Pour y parvenir, que nos maîtres-mots soient lucidité et détermination. Sans oublier l'amour, comme le chantaient les Beatles. Relions-nous chaque jour aux énergies les plus hautes, prions, méditons, envoyons de la lumière à tous les règnes du vivant. Calons-nous sur la vibration lente, puissante, si aimante de la Terre-mère pour accompagner ce changement.

Nous pouvons aussi cocréer en esprit le *nouveau monde* que nous souhaitons voir s'établir à la place de l'ancien. La visualisation quotidienne est un allié précieux. Notre force d'action est immense. Aucun sauveur ne viendra nous sortir du bourbier si nous ne faisons rien. C'est à nous, à chacun de nous de bouger.

Nous avons la possibilité de contacter notre *puissance*, qui est infiniment plus grande que nous pouvions l'imaginer. C'est celle de notre être entier : corps, âme et esprit reliés.

Fortifiée par une incommensurable vigueur, notre fréquence s'élèvera alors considérablement.

La joie, l'amour et la confiance sont des moteurs d'élévation. De la qualité de notre niveau vibratoire dépendent notre réalité et celle de notre monde, c'est aussi simple que cela.

Travail sur soi, reliance à l'amour et aux plans de lumière, cette trinité constitue nos axes essentiels.

C'est aussi la trame de ce livre.

Spirale

Sans réfléchir, je longe le lac vers la droite. J'aurais pu aller dans le sens opposé, mais un courant intérieur me guide, me souffle par où je dois passer, dont l'évidence, lorsque j'en prends conscience, me procure du plaisir.

Je marche dans le parc, faisant rouler devant moi ta poussette, toute petite comme on les fait aujourd'hui. Rien à voir avec les grands landaus souples mais encombrants de quand j'étais jeune mère. Tu dors, ton visage abandonné de bébé confiant tourné sur le côté.

Ta maman a raison : aujourd'hui, tu ressembles à Rose, c'est assez saisissant. Deux petites filles différentes, séparées par le temps. Deux âmes distinctes et amies, qui mettent mon cœur en joie.

Je cherche une place à l'ombre. En ce premier avril, il fait un temps délicieux, les feuilles d'un vert très tendre redonnent au parc son beau visage, son visage printanier, celui que j'aime depuis plus de quarante ans.

Je pense au premier janvier, jour de ton arrivée en ce monde, dans l'hôpital juste à côté, à ce bonheur intense.

Bonheur pour ta maman, car tout s'était bien terminé après cette grossesse difficile ; bonheur si communicatif de ton papa ; bonheur sans nom de te découvrir, de faire enfin ta rencontre, entourée de la famille, lorsque ta maman m'a demandé de te prendre dans mes bras. Je garde dans mon cœur le sourire que tu m'as adressé, après quelques instants d'un muet échange. Ton regard si précis. Si présent.

Après avoir longé, de l'autre côté des arbres, l'immeuble familial, celui qui a vu ta maman et ta tante nouvelles-nées, je me dirige, face à nous, vers *l'autre* immeuble.

L'autre.

Celui du souvenir.

L'immeuble dans lequel nous vivions avec Rose.

Après tant d'années, c'est un souvenir pacifié. La brûlure s'est éteinte. D'habitude, il ne reste que l'idée du passé.

Pourtant, aujourd'hui, une émotion spéciale m'étreint. Sans doute est-ce dû à ce jour si particulier, celui de notre première promenade en tête-à-tête, et au trouble de ta maman lorsqu'elle nous a laissés partir toutes deux : la première fois qu'elle te quittait...

Je marche. Je prends tant de plaisir à te regarder. C'est étonnant, vraiment, comme tu lui ressembles aujourd'hui.

Le temps s'enroule autour de moi. Un léger flou s'installe.

Je ne sais plus très bien, soudainement, si je suis ta grand-mère ou bien ta maman. Ta naissance m'a surprise en me ramenant non pas à celles de mes « filles vivantes », comme nous le disons parfois en souriant, mais à la toute première, celle de la petite Rose, avec son lot stupéfiant de premières impressions, sensations, émotions, face à mon nouveau-né. Être grand-mère, je le découvre continuellement depuis trois mois, c'est à nouveau une succession de premières fois.

Et pourtant...

Saisissement.

Reproduction fascinante.

Je me sens hors du temps.

J'ai bien vu que je passais devant l'immeuble dans lequel j'ai vécu si longtemps « après elle », j'ai même regardé les fenêtres de l'appartement dans lequel réside encore ton grand-père. L'immeuble du présent.

Mais c'est vers l'autre que me dirigent mes pas.

Je sais que nous sommes en 2019, mais quelque chose s'installe, que je n'avais pas escompté.

En une lente douceur, une spirale m'élève.

Bref instant.

Comme une transe chamanique.

À cet instant précis, dans le charme du parc, dans ce lieu si connu, si intime, je vis un recouvrement d'âme aussi inespéré qu'inattendu.

Souvenir devenu parfaite réalité d'un moment de bonheur, dont l'accès me fut interdit si longtemps, car il était bien trop dangereux.

J'ai vingt-deux ans et je rentre chez moi en poussant mon bébé, le cœur gonflé de joie.

La vie est devant moi.

Retour dans le réel

Notre après-midi se poursuit, Irina.

Rentrées chez toi, ta maman et ta tante étant concentrées sur leur nouveau projet de film, je t'emmène dans la chambre pour te changer.

Plaisir immense de ta présence joyeuse, de tes sourires si doux et de tes vocalises, de tes jambes et tes bras qui galopent dans le vide. Plaisir de la douceur, de l'odeur de ta peau.

Je joue avec toi.

Quel bonheur que l'amour d'un bébé.

J'accomplis avec plaisir les gestes habituels, exécutés si souvent avec mes trois petites : mettre ta couche, fermer les boutons-pression de ton body, te soulever le bas du corps pour enfiler ton petit pantalon. J'ai soudain envie de mieux te voir, mieux profiter de toi, et je mets mes lunettes.

Dans un premier temps c'est bien plus agréable de te voir aussi nettement, je suis ravie. Je me délecte de ton joli visage, de tes traits fins. Mais mon regard se porte sur mes mains qui contiennent tendrement ton petit corps potelé et j'ai un choc... Quelles vieilles mains ! Des mains de grand-mère...

Le saisissement passé, je me surprends à rire : ma belle expérience chamanique, pour peu qu'elle n'ait pas été totalement terminée, s'achève là.

Retour dans le réel.

Accords secrets

Les choix spirituels motivant notre venue sur Terre sont, pour la plupart d'entre nous, fondés sur une logique à laquelle nous n'avons plus accès, puisque dans la majeure partie des cas nous nous sommes coupés des plans supérieurs. Prendre un corps de chair et « descendre en incarnation » a pour effet de nous faire oublier notre nature spirituelle, et donc le pourquoi de notre présence ici-bas. Oublier notre plan de vie, comme on dirait un plan de route. Nous devons tout retrouver par nous-mêmes, et c'est un long chemin.

Il arrive que nous concevions une explication erronée des expériences que nous vivons, dans une ignorance – volontaire ou non – des principes spirituels, ou dans une compréhension inexacte de la notion de cause à effet. Notre vision est si limitée, si influencée par nos lectures ou par l'avis des autres, dogmes religieux et scientifiques compris, que nous nous trompons souvent. Les causes et la finalité de nos tribulations sont impossibles à deviner sans un travail sur soi.

Il est important cependant de se rappeler que nous ne sommes jamais coupés de notre âme, contrairement à ce que nous ressentons. Elle œuvre en nous, et son but, au travers d'expériences parfois difficiles, voire de douloureuses épreuves, est de nous ramener à elle, à notre essence, à la lumière, à l'amour. Au bonheur d'être.

La bonne marche à suivre est de se relier à elle, d'écouter notre petite voix intérieure au lieu de l'étouffer le plus souvent, d'agir en fonction de notre intuition afin de limiter au mieux les conséquences des difficultés que nous rencontrons ; à tout le moins, d'accepter celles-ci et d'en rechercher la signification spirituelle lorsqu'elles se présentent. Ceci nous permet de rééquilibrer ce qui n'avait pas été compris. D'accepter la leçon, et de la dépasser, pour en être libéré. Nos épreuves ont deux sources : soit elles constituent un recadrage ferme destiné à nous rappeler que nous sommes ici-bas en « stage de perfectionnement », soit c'est un choix d'âme destiné à nous faire mieux connaître le registre de l'humain, au travers d'émotions que nous n'avions pas encore expérimentées au fil de nos vies. Pour autant, la signification profonde d'une souffrance demeure bien souvent inaccessible, et le secret si bien gardé que, ainsi que je l'ai écrit à la page précédente, nous pouvons en avoir une conception erronée.

C'était le cas d'une famille venue me voir il y a un an. Une famille charmante, qui arriva un beau jour de septembre, avant de reprendre le train en fin de journée. Le père, la mère et la sœur d'un garçon souffrant d'une très sévère infirmité de naissance. Une maladie génétique, érythrodermie bulleuse ichtiosiforme, maladie handicapante qui donne à la peau à la fois l'aspect d'une « peau de poisson », et celle d'une peau brûlée. L'épiderme desquame beaucoup et les moindres pressions et frottements retirent la couche de kératine et mettent le derme à nu, ce qui est extrêmement douloureux. Cela provoqua de plus beaucoup d'infections à streptocoques durant toute son enfance.

Petit bébé martyr... qui demanda des soins quotidiens exigeants jusqu'à ses dix ans.

À l'âge de vingt-deux ans, une sclérose en plaques progressive s'ajouta, qui au bout de huit ans l'obligea à vivre en fauteuil. Puis, après avoir dû faire le deuil de ses jambes, il dut faire celui de ses bras. Fini la musique et le graphisme, son métier. Tout son monde créatif s'envolait.

Peu à peu, sa vue se mit « à trembler » (il perdit la possibilité de lire). Didier, au début de la quarantaine, eut aussi beaucoup de mal à parler.

Lorsque la famille me consulta, Didier était dans un état de grande dépendance, de grande vulnérabilité. Il demandait une attention permanente, des soins quotidiens que ses parents devenant âgés allaient bientôt être dans l'incapacité d'assumer, par fatigue. Ils éprouvaient une inquiétude constante, et le souci de savoir si d'autres s'occuperaient de lui comme il le fallait, son état exigeant une compétence très particulière.

Chacun, l'un après l'autre, me dit sa tristesse profonde, le sentiment de culpabilité, l'impuissance qui dévaste.

L'espoir, jamais exaucé, de le voir se guérir...

Difficulté immense d'accompagner un être en telle souffrance.

Même si sa sœur me consultait pour des problèmes plus personnels, sa vie familiale avait été tellement affectée – et continuait de l'être – que Didier représentait vraiment un éclairage central sur ses difficultés. Sa position d'enfant en bonne santé après un grand malade fut terriblement difficile à vivre. Elle se faisait toute petite pour ne pas être un poids supplémentaire, « pour aider le bateau à ne pas couler », comme me l'exprima sa mère. Son frère, en raison des soins qu'on devait lui donner chaque jour, souvent dans les cris, prenait toute la place. Elle subissait ces tensions, en étant hyperémotive. Mais elle cachait tout, dans une discrétion totale. Ses parents n'avaient pas l'espace pour comprendre l'ampleur de sa blessure. Pas le temps de manifester leur amour comme elle l'aurait souhaité. De plus, Didier fut un adolescent très difficile. Elle ne put jamais compter sur un grand frère protecteur.

Cette position particulière – naître après un grand malade – fait vivre à l'enfant une profonde souffrance, d'autant plus profonde qu'il ne s'autorise pas à la dire. Comme il aime ce frère ou cette sœur et qu'il voit ses parents si angoissés, sa souffrance personnelle ne lui semble pas légitime. Il vit dans le manque et la culpabilité. Les répercussions de cette situation se poursuivent jusque dans l'âge adulte.

Sur chacun, je vis les larmes perler au coin des yeux. Ils venaient chercher de l'aide. Chacun à leur manière, ils n'en pouvaient plus.

Après une brève concertation, je commençai par le père de famille. C'est par lui que nous fut donné un enseignement majeur, bouleversant, qui allait à l'encontre de tout ce que l'on est tenté de déduire de certaines situations en mettant en avant les lois du karma, sans imaginer que les plans de vies et les guides qui nous y orientent peuvent être régis par des demandes impératives, lorsque s'en fait jour la nécessité.

Assez rapidement, le déroulé de deux vies antérieures se révéla, dans lesquelles furent distinctement exposés les liens entre le père et son fils et, surtout, les causes profondes de cette maladie dramatique. Didier ne s'était pas pardonné une expérience que son âme avait choisie pour grandir. Il avait décidé « d'expier ». Et de le faire en une seule vie, ce qui induirait, il le savait, des souffrances épouvantables.

C'est là que se dévoila l'incroyable leçon.

Didier a été entendu par ses guides, avant l'incarnation. Ils nous laissent toujours libres de nos choix. Le sien était terriblement difficile. Insupportable à vivre.

Alors, ils ont cherché des parents et une sœur solides, des êtres de cœur, pour l'aider dans cette vie de chemin de croix.

En aucune manière, il n'était question pour eux trois de punition, de condamnation, ni de compensation d'actions qu'ils auraient pu poser dans un lointain passé.

Didier, en ce qui le concerne, contrebalançait son expérience antérieure en ressentant dans sa chair ce qui, au terme de cette vie de souffrance, l'aura rendu mature ; mais sa famille l'accompagnait, car ce sont des âmes d'une immense générosité. Il s'agit d'une vraie histoire d'amour entre eux quatre.

Son père, sa mère et sa sœur étaient entièrement dans leur plan d'âme, dans le profond désir d'aider. C'est un plan lumineux, fondé sur l'amour pur, le don, la bonté. Malgré leurs vies si difficiles, malgré d'inévitables difficultés relationnelles, ils surent rester des personnes magnifiques.

Cette séance et ses révélations font partie de celles qui m'ont le plus apporté. Jamais je n'oublierai ce moment où le voile se leva, où cet homme charmant, si digne, ce septuagénaire fatigué de porter son fardeau depuis si longtemps fut secoué de sanglots de compassion et de soulagement intime tout à la fois.

« Vous vivez cette situation car vous êtes des êtres d'amour ». Quelle merveille à entendre...

Nos engagements d'âme, tellement purs et sincères, se trouvent souvent durement confrontés à la réalité de notre humanité. Nos émotions de souffrance représentent l'une de nos plus grandes difficultés en ce sens qu'elles nous coupent de ce que nous avions accepté. Nous sommes « emberlificotés » dans le présent et dans la situation et n'avons pas le recul, pas la distanciation nécessaire. Entravés dans nos peines, nous avons oublié ce que nous sommes venus apprendre, ou donner, ici-bas. Le don de soi, pour ne pas dire le sacrifice, en sont encore plus estimables.

Combien de parents d'enfants malades ou handicapés ne se sont-ils pas demandé au moins une fois pourquoi ils se trouvaient dans cette situation ? Combien sont-ils à s'être sentis coupables ? Le pire n'est pas toujours l'explication.

Une fois de plus, se mettait en lumière cette leçon : nous ne savons rien des raisons qui sous-tendent les épreuves. Ne tirons jamais de conclusions trop hâtives.

Ne culpabilisons pas.

Ne nous décourageons pas.

Ne jugeons pas.

Nos âmes et nos guides ont la sagesse et la connaissance. Nous, nous n'avons qu'un morceau du schéma. Nous avons oublié que nous avions conclu, il y a bien longtemps, une entente.

Nous vivons avec nos accords secrets.

Didier fut contraint d'aller en foyer. Malgré des souffrances devenues intenses, il sut garder son humour, sa joie et fut aimé de tous. Il s'éteignit dans sa quarante-troisième année.

Il me rendit visite en esprit un matin, peu après son départ, porteur d'un message magnifique : « Dis-leur que je suis heureux. Je vais pouvoir les aider, maintenant. Je vais *rendre*. Ils m'ont tellement donné. »

Je ne l'ai pas rencontré physiquement, mais sa mère m'avait envoyé une photo. Ce beau garçon est pour toujours dans mon cœur, au même titre que son père, sa mère et sa sœur.

Didier repose à présent dans un petit cimetière en lisière de forêt, tout proche de la maison de ses parents. Il est libéré. Libre de l'expérience de son passé lointain. Il s'est pardonné. Par cette vie de douleurs mais également par tout l'amour qu'il a inspiré et offert, il a réussi. Son karma est nettoyé.

Ses parents ont un nouvel apprentissage à faire. Après avoir tout donné d'eux-mêmes, vécu dans l'angoisse permanente, ils ont à se réapproprier une vie nouvelle, si différente de celle qu'ils connaissaient. En plus du deuil à traverser, ils n'ont plus de repères. Ils doivent se reconstruire et envisager les années à venir comme un temps de paix qu'ils ont le droit de goûter. Sa sœur va enfin pouvoir vivre pour elle-même.

À cette famille « d'âmes courageuses », comme le dirait l'auteur Robert Schwartz, ainsi qu'à tous ceux qui ont fait don de leur amour pour l'avancement d'un autre, j'ai envie de transmettre ce message, reçu lors d'une séance auprès d'une maman endeuillée, et qui confirme ce que m'avait transmis Didier : « Rien n'est donné qui ne soit retourné ».

Atlantide

Des colonnes de marbre blanc.
C’est un temple.
Un parvis.
Des marches, d’une blancheur d’albâtre, elles aussi.
La mer.
La mer et l’horizon qui se fond dans le ciel.
Un bleu intense, presque le « bleu Klein ».
Comme une muraille, droit devant.
Et la brise atlantique.
Bleu.
Blanc.
Immensité.
Félicité.

À travers ma patiente s’unissant à son passé, je me fonds dans cette femme d’autrefois qui contemple la splendeur.

Bonheur.

Séance muette

Les séances que je décris dans ce livre se déroulent selon un mode interactif. Je reçois des informations, révélations ou explications des guides – les miens et ceux de la personne – et les lui transmets en intégralité. Ce travail, lors duquel il m'arrive de beaucoup parler, me fait avancer dans ce qui doit être mis en lumière, guéri ou apaisé.

Mais il existe un autre mode : ce sont les séances muettes. Lorsque les guides estiment que mon patient nécessite un soin d'énergie puissant, je n'ai accès à aucune de ces précisions ni à aucun message, pour pouvoir me concentrer sur le flux d'énergie, au nano millimètre. Dans ce cas, qui intervient pour moitié, je me régale en silence. J'éprouve un vif plaisir à ressentir sous ma main le corps d'énergie « reprendre vie », c'est-à-dire se remettre en place, dans son axe et sa verticalité ; à nettoyer et aider à faire redémarrer un chakra abîmé ou épuisé qui distillait l'énergie au compte-gouttes ; à voir toute l'enveloppe subtile s'emplir de lumière et rayonner.

La personne ressent alors le plus souvent les ondes d'énergie dans son corps, ce qui lui permet de se laisser glisser dans un état de relaxation profonde, pouvant aller jusqu'au sommeil. Il arrive aussi qu'elle vive des « expériences extraordinaires », ou états de conscience modifiée qui la marqueront durablement en lui permettant d'accéder à un état d'amour d'une qualité exceptionnelle.

Ce fut le cas pour une dame qui eut la gentillesse de m'envoyer le texte qu'elle rédigea après notre rendez-vous. J'en reproduis ici des extraits, qui donnent un éclairage sur ce que peut être le vécu d'une séance dans laquelle je ne dis pas un mot.

« La première partie du soin est terminée quand elle vient se placer au-dessus de ma tête et semble se frotter contre mes cheveux, comme un chat... C'est le chat de ma fille ? Non. Je comprends que c'est ma chienne décédée qui vient me rendre visite, quel bonheur ! Je ne suis plus totalement là.

Un ami cher, mort récemment, vient me dire bonjour, quelle joie de le revoir ! C'est indescriptible, je reçois plein d'amour, tout est amour absolu, je suis "aux anges", "au paradis". C'est l'amour de Dieu, de la Lumière, et je comprends que je suis aimée comme les autres...

Je sens à présent qu'elle "œuvre" sur mon visage, elle défait, extrait, tire quelque chose de solide comme du plâtre, à droite, cela a du mal à venir, puis elle appuie sur le milieu du visage, ça semble encore bloquer... Je me dis : "elle a oublié de travailler à gauche" mais elle le fait, c'est un mouvement assez appuyé mais nécessaire et... tout d'un coup, le masque se décolle, c'est comme un masque du carnaval de Venise. Je sens les commissures de mes lèvres qui remontent au fur et à mesure qu'elle tire ce masque de tristesse par le haut de ma tête et je me mets à sourire : j'ai retrouvé le sourire !

J'ai demandé leur aide et ils sont venus à mon secours (...)

Merci, merci. Je ressens beaucoup de gratitude car je sais que je vais aller mieux...

"Dans quelques heures, quelques jours, quelques semaines, vous verrez..." me dit-elle. »

Et puis la description de cette expérience vécue une nuit, une fois rentrée chez elle :

« (...) Je me réveille en sursaut. Je tourne la tête vers la gauche car je sens une présence et je vois à mon chevet un être magnifique, un garçon d'une trentaine d'années, ressemblant à un ange mais sans ailes. Il me sourit avec une infinie douceur. Je sais immédiatement qui c'est...

Elle m'avait dit qu'il viendrait et il est là, penché au-dessus de moi. Je le fixe longtemps, je ne veux pas qu'il parte, puis je tourne la tête pour réveiller mon mari et m'aperçois qu'il a disparu... me laissant apaisée et pleine d'espoir...

Des mains là-haut associées aux siennes ici sur Terre sont à l'œuvre pour me guérir. »

Ce « travail à de multiples mains », dont je ne me lasse jamais, est déclencheur d'un vrai changement.

Il peut ne pas produire toutes ces visions et compréhensions, mais apporte toujours beaucoup plus qu'un mieux-être. C'est un travail de libération, un soin profond qui agit dans de nombreux espaces de nous-même. Il ouvre les cœurs et éveille les sourires.

Appelé

La séance d'aujourd'hui m'accompagne en continu.

Quel bonheur d'avoir accès à des révélations magnifiques, lorsque les guides estiment qu'elles sont autorisées !

Une mère me raconte son fils, tué dans un accident de scooter, il y a moins d'un an.

Que dire ? Comment aider à soulager la peine ?

Même si je sais depuis toutes ces années que la personne repartira avec dans le regard et dans le cœur une lumière différente de lorsqu'elle est arrivée, je ne peux m'empêcher, chaque fois, de me sentir démunie. Je suis tellement touchée.

Puis commencera la séance qui permet de diffuser dans tout son être une énergie de transformation, d'acceptation, de guérison qui, moi aussi, m'apaise.

Les informations arrivent.

Son fils a été appelé. Il est parti pour revenir très vite avec une vibration plus haute. « Une très haute vibration », insiste-t-on.

Il va aider la Terre.

Il avait choisi cette famille car il savait qu'ils n'allaient pas l'alourdir par leur chagrin. Que tous, mère, père, frères, allaient le laisser s'envoler. Lui laisser cette liberté.

Comme une nuée céleste, une onde d'amour et de reconnaissance venue des guides, soudain très nombreux, descend lentement sur nous.

« Honneur et respect pour Tanguy », me dit-on.

Et puis, pour la famille, l'onde se fait houle de chaleur : « Soyez tous remerciés. »

Nous en avons les larmes aux yeux.

Ailleurs

Parmi les innombrables blessures dont nous sommes porteurs, il en est une, si lancinante, si obsédante, qu'elle peut aller jusqu'à nous faire aspirer à la dissolution finale pour en être libéré.

C'est la blessure de la séparation.

Les connaissances spirituelles ont eu pour effet de permettre de poser un nom sur ce tourment intérieur, et des compréhensions se sont faites : « Je ne voulais pas revenir sur Terre ! »

« Nostalgie du Tout, d'un absolu transcendant, d'un ailleurs mythique, paradis perdu, idéal de parfaite harmonie, de paix et d'amour » : voici énoncés quelques éléments de ce qu'Arouna Lipschitz nomme la *nostalgie de l'Ailleurs*. Tout est dit.

Je ne m'étendrai pas sur les implications de cette nostalgie vis-à-vis de « nos petites névroses ordinaires » comme elle le fait avec justesse, car cet aspect ne prévaut pas dans mes séances. Mais il est important de dire que cette douleur est « la racine de la difficulté à incarner notre spiritualité profonde et la cause fondamentale de nos tentatives douloureuses de vivre ici-bas dans la fusion ou la perfection ».

En répondant à la nécessité de revenir en incarnation, de nombreuses âmes ont inscrit en elles une affliction indélébile, celle de leur séparation d'avec la Source. Pour certains, elle les hantera jusqu'à leur dernier souffle.

Ce qui m'est signifié par les guides, c'est d'aller sonder l'empêchement de vivre ici-bas, harmonieusement et dans la joie. Les thérapeutes entendent régulièrement cette plainte amère, et, comme mes patients, je connais bien le sujet. Il m'arriva si souvent de pleurer d'être « en bas ».

Cependant, cela ne peut durer indéfiniment.

Bien loin des paroles consolantes énoncées, il y a quelques années encore, les maîtres avec qui je travaille se positionnent différemment. Ils parlent avec davantage de sévérité, car ils veulent nous faire avancer et quitter la posture de victime.

Il n'y a plus de temps à perdre.

Quand j'aborde cette blessure dans le cadre des conférences et que je demande si certaines personnes se sentent concernées, nombreuses sont les mains qui se lèvent...

Je rencontre régulièrement aussi cette souffrance en séance. Il arrive qu'elle soit en lien avec des personnes qui ne sont pas arrivées à « construire », mais ce n'est pas toujours le cas.

Celles-ci s'évadent ; la nostalgie chez elles est bien plus une forme de fuite du réel, la justification d'une non-implication dans le monde concret, un constat d'échec, mis en balance avec la vie d'autres personnes qu'elles idéalisent. Elles sont déconnectées et pensent que leur place n'est pas sur la Terre, qu'elles n'ont rien à y faire. La partie d'elles qui ne veut pas s'incarner croit échapper à la douleur, mais c'est tout l'inverse qui se produit : les personnes sont encore plus « coupées » et se sentent isolées, perdues, puisqu'elles ne bénéficient pas de l'aide précieuse de leur incarnation.

Elles vivent une souffrance profonde, en attendant de retrouver le monde des anges et de la lumière, sans pouvoir toujours se relier en conscience avec lui. Finalement, la spiritualité ne les aide pas à s'épanouir, car elles n'en vivent que les manques.

La coupure provient souvent de difficultés graves de l'enfance. Elles n'ont, dans le meilleur des cas, reçu aucun soutien, aucun appui pour se structurer. Il est difficile de leur faire valoir qu'elles pourraient se sentir mieux si elles s'impliquaient davantage, car elles ont perdu le chemin de la joie et de la confiance depuis si longtemps qu'elles ne s'imaginent pas pouvoir le retrouver.

Je suis toujours touchée par l'ampleur de leur douleur, par leur sentiment de solitude si désolant. Elles ont besoin d'un travail de réparation émotionnelle important. Parallèlement, elles présentent presque toujours un dérèglement énergétique. Elles manquent d'ancrage ; le plus souvent, il est quasi inexistant. Leurs corps d'énergie n'étant pas bien installés dans le corps physique, elles « flottent » plus ou moins haut au-dessus d'elles. Elles se sont réellement évadées ailleurs. C'est le premier travail à accomplir avec elles : les faire « redescendre » dans leur corps physique, qu'elles ont souvent abandonné depuis longtemps.

Je fus surprise de rencontrer cette nostalgie aiguë chez d'autres, très intégrés dans leur vie de famille, dans leur travail, qui pourtant ressentent une tristesse diffuse, un vague à l'âme, on aurait dit un « spleen » au temps de Baudelaire, qu'elles ne savent pas toujours à quoi attribuer.

Elles peuvent aussi être conscientes du problème.

Ce fut le cas d'une belle thérapeute, pétillante, charmante, en couple, mère de deux jeunes enfants, qui donnait l'impression d'avoir une vie fort heureuse. C'est en sa compagnie que je vécus pour la première fois le recadrage des guides.

Dès que je posai ma main sur son cœur, la tristesse se révéla à moi, et j'entendis, très fort, la formule : *nostalgie de l'Ailleurs !* Je sentais que son chagrin était si fort qu'elle aurait pu, pour qu'il cesse, en arriver à des extrémités qui sont tout sauf souhaitables, surtout lorsque l'on est maman.

À peine m'avait-elle confirmé mes paroles que j'entendis une voix très forte, celle de son guide, lui asséner : « Non ! Il n'en est pas question ! Tu le regretterais si tu mourais maintenant ! » Il me montra que sa nature était celle d'une personne active, dynamique, et que les nombreux projets qu'elle avait en tête devaient parvenir à réalisation. Qu'ils avaient besoin d'elle pour les aider ici-bas. Ils comptaient vraiment sur sa participation. Puis il déroula une « ordonnance » en quatre points :

1. Réparation du corps énergétique qui était fissuré en différents endroits. (Cette partie m'incombait.)

2. Accepter de comprendre que pour accomplir ses projets, elle devait être en forme.

3. Urgemment comprendre (et la voix se faisait de plus en plus ferme) que sa nostalgie devenait un besoin compulsif. *Une toxicomanie.* Qu'il n'était plus permis qu'elle se laisse aller, cela représentait un trop grave danger.

4. Enfin, se relier à l'amour de la Terre et à toutes les bonnes choses que l'on peut vivre en étant incarné. Se « laisser fondre dans le corps de la Terre-mère », pour se nourrir, se raccorder à la planète, pour ressentir d'où l'on vient, et d'une certaine manière, pour (re)naître à la vie dans la matière.

Cette notion de toxicomanie est essentielle, elle explique bien la difficulté à se sortir de cet état. Elle en révèle clairement le piège. Le guide ne plaisantait pas et attendait d'elle qu'elle agisse au plus vite pour s'en libérer.

Quelques semaines plus tard, je fus de nouveau mise en situation de parler fermement à une patiente, elle aussi thérapeute – c'est bien la preuve qu'il est important que nous nettoyions nos blessures –: la voyant flotter au-dessus d'elle-même, je me mis soudain à parler, en la tutoyant d'un ton saccadé qui reflétait l'exaspération de son guide (et que j'aurais plutôt utilisé pour mes sœurs): « Bon, ça suffit maintenant, tu redescends et tu ne fais pas d'histoire ! » Jamais je n'avais agi de telle sorte envers une patiente, encore moins à la première séance, mais cela la fit bien rire. Elle me confirma « Ah ça, oui, je suis perchée ! », mais comprit très bien le message.

L'écho, dans nos mémoires, dans nos lignées ancestrales, de schémas de bourreau et victime, de traumatismes insupportables, nous ôte l'envie de revenir sur Terre nous y reconfronter. La blessure de la séparation s'invite chez les personnes dont l'âme « ne voulait pas entendre la dysharmonie du monde ».

Les guides expliquent alors qu'elles doivent accepter que l'ombre fait valoir la lumière sur ce plan, sinon le choix du bien ne serait pas possible. « Accepte l'imperfection, elle est humaine, et, ici et maintenant, *tu es de ce plan.* Si tu l'acceptes, tu n'en souffriras plus. »

De nombreuses personnes ne voulaient pas s'incarner en raison des contraintes de la matière, et de la perte du lien avec le monde de la création sans limite. Les causes sont innombrables, finalement. Il est grand besoin pour nous tous de quitter l'ego dominant plein de souffrance, afin d'incarner notre essence divine. Grand besoin également d'un solide enracinement, sinon nous nous déconnectons de qui nous sommes réellement. Il est temps que notre âme prenne sa pleine place dans notre corps ; que nous prenions la décision d'installer en nous ce merveilleux état d'amour et de paix qui est nôtre, sous la gangue de douleur que nous entretenons plus ou moins consciemment.

Nos guides nous le demandent instamment.

Il est possible de vivre ce changement d'état, en témoigne ce retour si joyeux d'une autre de mes patientes, venue car elle se sentait coupée de sa source : « Je suis en pleine forme ! Je n'ai plus envie de remonter ! »

Dès lors que nous sommes ancrés dans notre corps, nous sommes en lien avec l'énergie puissante et magnifique de la Terre-mère. Nous pouvons donc goûter aux joies, aux plaisirs innombrables de la vie, savourer l'incroyable cadeau de notre incarnation. Cet ancrage permet une alchimie intérieure, et débouche sur la compréhension exaltante que *notre véritable demeure est en nous: au cœur de notre cœur.* Il n'y a pas à chercher « ailleurs ». Nous sommes reliés, au plus profond, à ce que nous cherchons désespérément à l'extérieur.

Nous pouvons trouver le bonheur ici-bas.

C'est ce que nous sommes venus faire.

J'insiste, car sans vouloir prodiguer la bonne parole ou égrener des mots qui pourraient sembler creux, je voudrais tellement vous encourager à suivre de bon cœur cette injonction des guides qui n'en peuvent parfois plus de nos petitesses, et vous demander de la faire circuler: *Aimez la vie sur Terre!*

Voyez les choses du bon côté. Ne vous laissez pas aspirer par la peur, la colère, le manque, la nostalgie. Désintoxiquez-vous de votre addiction à la souffrance; comprenez que vous avez emprunté un chemin qui n'était pas le vôtre, et modifiez d'urgence votre trajectoire. Développez votre potentiel d'amour. Vous en serez les premiers récompensés. Vos guides seront allégés d'un grand poids. Chose tout aussi essentielle, vous ne constituerez plus pour notre planète le lourd fardeau que nous sommes si nombreux à lui faire porter.

Un petit mot de fin pour ceux et celles venus par choix sur Terre, ces belles âmes qui, issues de plans vibratoirement très élevés, ont fait le choix d'aider, de contribuer, en ces temps si difficiles de la transformation, et se retrouvent en grande souffrance de ce qu'ils rencontrent: rappelez-vous, c'est une décision qui vous appartient, et non une nécessité. Ce qui montre à quel point est *juste* votre incarnation. Sentir que l'on vient d'ailleurs peut se transformer dès lors en tout autre chose. Il vous est possible de vivre un sentiment d'harmonisation avec l'énergie de la Terre-mère et sa matière. Autorisez-vous à en profiter ! Entrez en résonance, faites la paix avec ce qui vous entoure. Tout peut se retourner, être éclairé de sens – le manque devenant plénitude – pour prendre une perspective nouvelle et célébrer cette incarnation qui a été souhaitée par « Qui vous êtes » de toute éternité.

Conjonction

Le 21 décembre 2020, jour du solstice d'hiver, à 19h22, heure française, quittant l'ère des Poissons initiée il y a deux mille ans – avec pour évènement capital la naissance de Jésus –, nous sommes passés officiellement dans l'ère du Verseau. La grande conjonction Jupiter/Saturne nous fit basculer en douceur dans une nouvelle ère, pour deux mille cent neuf ans.

Pour ceux qui eurent la chance de vivre en communion cet évènement historique, ce fut un moment de bonheur et de célébration, de raccordement à leur être profond, à la Terre, au cosmos, à tous les êtres lumineux vivant dans d'autres mondes.

Un moment profondément bouleversant, où les corps vibrèrent intensément, dans cette explosion de photons venus du grand soleil central, où la mémoire d'autres temps, les temps obscurs, les temps de la peine et du chagrin, les temps de la coupure, s'est dissoute aisément, laissant place au nouveau.

Cette heure si intense nous donna un aperçu de ce vers quoi l'humanité et la Terre se dirigent : une ère de paix, de partage et d'harmonie. Le passage à un monde nouveau.

Au fil du temps, la *nostalgie de l'Ailleurs* n'y aura plus sa place, car notre glande pinéale, centre spirituel majeur, fut activée, nous permettant de sortir progressivement de l'isolement. Chaque être humain pouvant de mieux en mieux utiliser ses sens psychiques supérieurs aura accès naturellement aux dimensions d'amour et de lumière. Nous ne serons plus séparés.

« L'Ailleurs » pourra se vivre en nous.

Amour

L'essence de la grande force créatrice est l'amour.
Cela seul maintient les univers.
L'amour dont nous aussi sommes tissés.

Nous sommes amour.
Nous l'avons oublié.

C'est notre état naturel.
Mais nous l'avons oublié.

Nous avons perdu la mémoire.
Tout le chemin est de la retrouver.

Retrouver le souvenir.
Nous réveiller...

La séparation n'est qu'une illusion.
Au cœur même de notre matière vibre notre divine lumière.

Pour retrouver l'état de bonheur, de sécurité, de paix, que nous appelons si fort, l'amour va être la solution.

Dès lors que nous nous ouvrons à la confiance, que nous nous autorisons à retrouver notre cœur pur d'enfant, que nous faisons le choix de notre divine filiation, nous nous connectons à la matrice originelle.

Nous sentons peu à peu se dissiper la brume de l'oubli.
Se lever le voile de la séparation.
Nous pouvons, petit à petit, lentement, très doucement, commencer à déployer les ailes de notre âme.
Nous pouvons, très doucement, délicatement, silencieusement, éclore.
Éclore et merveilleusement renaître dans l'océan d'amour infini.

Vertigineusement,
langoureusement,
voluptueusement,
découvrir ce que si longtemps nous avions cherché.

Nous rappeler qui nous sommes.
Rayonner la lumière de notre être.

Communion

Je souhaite raconter une histoire qui m'a infiniment émue. Si elle met en scène un médecin, ce n'est pas pour attaquer la profession. D'ailleurs, dans un souci d'équilibre, je parlerai un peu plus loin d'insuffisances dues à des énergithérapeutes.

Mon intention n'est pas de diviser, mais de donner des informations qui pourront être utiles. J'ai toujours pensé que l'alliance des pratiques de soin est bénéfique au plus haut point. Arrière-petite-fille, petite-fille et nièce de médecins, j'ai été élevée dans leur respect, respect que j'ai toujours gardé.

Nous sommes complémentaires. Si les médecins soignent le corps, nous avons une compréhension fine de domaines peu connus, situés dans le registre de l'âme, et ce savoir nous permet dans certains cas de rattraper des erreurs.

J'ai l'espoir que mon récit, en donnant un éclairage sur un sujet sensible, pourra aider des personnes dans la peine ainsi que des accompagnants. Depuis mon tout premier livre, j'ai compris que mes mots et la description de mon activité peuvent eux aussi apporter un précieux réconfort. Il devient indispensable de diffuser une éducation concernant les mondes subtils pour éviter des comportements fâcheux, fondés sur l'ignorance. Le décryptage spirituel des situations m'aide énormément à accompagner l'affliction. C'est ce que je souhaite partager.

Il y aura d'autres textes plus joyeux.

D'innombrables personnes aujourd'hui, mues par un appel profond, se mettent en quête d'un enseignement spirituel, lisent beaucoup, ou bien vivent spontanément des expériences qui font d'elles les détentrices d'un vrai savoir concernant les mondes invisibles. Ce n'est pas toujours le cas des médecins qu'elles consultent, ceux-ci n'ayant pas eu durant leurs études – et la plupart n'ayant toujours pas – *ne serait-ce que le temps* de se questionner. Cela fait d'eux des personnes qui n'ont pas de légitimité à imposer leur avis dans ce domaine, puisqu'il n'entre pas dans leur référentiel de connaissances.

Cela paraît logique. Pourtant, la parole du médecin garde une puissance considérable. Si elle se fonde sur une méconnaissance de ces sujets, il peut en résulter de sérieux préjudices.

Ce texte va s'inscrire dans la thématique douloureuse des morts d'enfants, sujet sensible s'il en est. Comme les médecins, les infirmières, les ostéopathes, les psychologues et tant d'autres, les énergithérapeutes font face à la souffrance brute, à la douleur sous toutes ses formes. Et particulièrement, en ce qui me concerne, à la douleur des mères.

Des mères qui ont vécu le pire.

Celle dont le fils fut empoisonné par sa belle-mère.

Celle dont le petit garçon fut assassiné par son père.

Celle dont les enfants périrent dans un incendie.

Douleur encore de celle dont le fils hurlait de souffrance des jours entiers avant de mourir.

Désespoir absolu de celle dont l'enfant s'est suicidé...

Nous n'effectuons pas seulement des nettoyages énergétiques ou des rééquilibrages de chakras – pourtant infiniment utiles.

Nous sommes face aux tragédies.

Je suis profondément touchée par la multiplicité des épreuves que rencontrent les êtres humains. Profondément admirative de notre résilience, de cette force de vie qui nous permet de nous relever, de supporter l'intolérable avec dignité et de continuer à avancer. Car nous voyons ces mêmes personnes se redresser, se relever, repartir dans la vie : nous apprenons le remariage, le miracle d'un nouvel enfant, le bonheur revenu. C'est aussi ce qui nous permet de continuer à aider.

Une maman vint me voir, huit mois après le décès de sa petite fille de huit ans dans des conditions particulièrement rapides et traumatisantes. Elle m'était adressée par un psychiatre dont j'ai toujours à cœur de recevoir rapidement les patientes, par affection pour l'homme et grand respect pour le thérapeute. Cette jeune femme me posait de nombreuses questions, puis elle évoqua un évènement qui me fit frémir. C'est cela dont je veux parler, pour l'exemple.

Elle me raconta que son médecin, en qui elle avait toute confiance, l'avait gravement déstabilisée et qu'elle avait encore du mal à s'en remettre. Elle voulait mon avis.

Elle se lança avec un courage qui m'émut dans le récit des derniers instants de sa petite. Ce fut un moment d'intimité très intense, comme si le temps s'était arrêté.

Elle était avec son mari dans la chambre d'hôpital, sachant que la mort de leur fille était imminente. Lui dans un fauteuil et elle sur le lit, serrant sa fille dans ses bras.

« J'attendais qu'elle arrête de respirer. Je m'attendais à voir de la lumière au moment où elle partirait. Mais non. Je n'ai rien vu. Mais à un moment, il s'est passé quelque chose. Elle était tout contre moi. J'ai senti comme si je l'aspirais. Elle est entrée en moi. Je l'ai dit à mon mari. C'était une douceur merveilleuse ».

Avant que j'aie pu faire le moindre commentaire, elle enchaîna sur le sujet qui la préoccupait tant : plus tard, quand elle retourna voir son médecin, elle lui raconta l'expérience qu'elle avait vécue et qui l'aidait à tenir depuis le décès de son enfant. Elle lui expliqua combien elle ressentait toujours en elle sa présence, qui lui permettait de ne pas se sentir abandonnée.

Or, contrairement à son attente – car cette femme la connaissait bien et avait connu sa fille, et elle en espérait du soutien –, celle-ci eut un jugement très tranché, qui la dévasta : « Comment ça, entrée en vous ? Mais vous devez défusionner ! Vous devez reprendre votre identité ! Vous n'êtes pas votre fille, tout de même ! » La jeune femme continua son récit en m'expliquant qu'après cette visite, elle se sentit très mal. « C'était glauque, j'avais peur d'avoir le corps de ma fille en moi, comme un cadavre... ». Elle n'arrivait pas à se débarrasser de cette sensation.

Toute la douceur de son union avec sa fille, qui l'avait tant aidée à tenir, avait disparu. Son histoire me glaça.

Ce médecin a transmis violemment à sa patiente une interprétation totalement inexacte de la réalité. Craignant, comme sans doute le lui avaient enseigné ses études ou sa pratique, que la situation signale un problème pouvant à la longue devenir psychiatrique, elle induisit en fait, et sans précaution, énormément de peur. Elle détruisit surtout un lien intime magnifique, source de réconfort.

Il me fallut passer le reste de la séance à apaiser en profondeur sa chair de mère meurtrie, violentée, à laisser se diffuser en elle l'énergie de guérison venue consoler son cœur. Adoucir son âme, la soulager. Puis la laisser se réconcilier avec cette expérience et se la réapproprier. Je dus la reprendre telle qu'elle avait eu lieu, et expliquer, encore et encore, que sa fille lui avait fait en partant *le plus beau don d'amour,* celui de sa fusion en elle, pour l'aider à supporter son départ. Le plus beau des cadeaux d'adieu. Elle lui avait laissé une part d'elle, une part de son essence, c'était un cadeau de son âme, sa lumière transmise à sa mère, pour l'aider à survivre. Et alors ? Était-ce dangereux ?

Soyons raisonnables.

Cette situation a lieu beaucoup plus couramment qu'on ne le croit, spécialement entre les mères et leur enfant. C'est d'ailleurs ce qui fait tenir debout les mamans. Mais contrairement à ce qui se produisit pour cette jeune femme sensible, le processus n'est en général pas conscientisé au moment où il s'effectue.

Lorsqu'elle avait ressenti sa fille fusionner avec elle, elle avait en fait perçu *avec ses sens subtils* le souffle extrêmement délicat de l'essence de celle-ci se couler dans son champ énergétique et s'y installer. *Cette phase de fusion de l'enfant dans le corps énergétique de sa mère est naturelle et salutaire.* Elle lui permet de ne pas mourir de douleur. Elle est bienvenue, à ce moment-là, pour les deux êtres. Il n'y a rien de dérangeant ou dérangé au sens psychiatrique.

Ces mères « habitées » forcent l'admiration par leur courage, alors qu'elles-mêmes ont juste la sensation d'être remplies de leur enfant. Ce qui est l'exacte vérité. Car c'est bien un processus d'incorporation qui s'accomplit, lorsque le lien entre deux êtres est très fort. Il est différent de la simple présence bienveillante que nous pouvons ressentir de temps à autre après le départ d'un proche, sous forme de visites. Quand elle a lieu, cette fusion est essentielle dans les premiers temps du deuil, comme elle l'était pour cette maman.

Laissons ces deux âmes blessées se soutenir, se réconforter ! J'ai souvent observé que les enfants décédés restaient auprès de leur mère, car eux aussi avaient besoin de sa présence.

Laissons-leur le temps, sans mésinterpréter ce qui se déroule dans la justesse. Le temps de s'aimer encore, ici-bas.

Cette communion durera le temps que peut accorder l'âme de l'enfant avant de poursuivre son chemin, et s'estompera naturellement. C'est alors que la maman ressentira un grand vide, qu'elle se sentira abandonnée. Là commencera véritablement son deuil. C'est déroutant pour elles et pour l'entourage car du temps aura passé depuis le décès, et la « raison » voudrait que l'apaisement se soit installé.

Mais il n'est pas question de raison dans ces situations.

Il s'agit d'un abandon énergétique, tout aussi cruel que l'abandon physique.

Un petit mot ici pour les pères, qui vivent beaucoup moins souvent cette connexion : voilà pourquoi le décès de leur enfant leur est *immédiatement* insupportable. Ils n'ont pas ce sas de douceur et de protection. Leur malheur et leur solitude sont extrêmes. Cela se caractérise souvent par un repli sur soi et une incapacité à communiquer sur ce qu'ils sont en train de traverser. Ce qui est si difficile pour le couple de ces parents endeuillés.

Bien sûr, ce temps particulier n'est qu'une phase et pour que les choses soient dans l'équilibre, il est bon que cela ne se prolonge pas trop longtemps. Le médecin a exprimé – de façon trop raide et surtout trop rapide – une grande loi de la vie : *une seule âme habite le corps.* Ces « partages » ne sont pas appelés à durer, et d'ailleurs ils ne le font pas, dans la majorité des cas. Car après le temps d'accompagnement indispensable, l'âme libérée a des choses à faire dans d'autres plans, et celui qui reste sur Terre doit poursuivre son programme de vie personnel.

La présence continuelle de son enfant dans son champ énergétique risquerait de devenir une entrave sur le chemin de la mère et l'empêcherait d'avancer dans sa vie. Parfois même dans les suivantes, car il arrive que l'on ne puisse jamais – même inconsciemment – lâcher son enfant. De nombreux thérapeutes ont fort heureusement la capacité de dénouer ces liens s'ils doivent l'être. Cela fait partie de nos séances assez régulièrement. Avec l'aide des guides de la mère et ceux de l'enfant, nous voyons l'âme regagner les plans de lumière. C'est toujours un merveilleux moment.

La fusion des âmes n'est pas réservée aux mères et aux enfants, mais c'est peut-être là qu'elle est la plus fréquente. Cela tient au fait qu'une mère a porté son enfant et qu'elle a été habituée à une communication fine avec lui grâce à l'entrelacement de leurs corps d'énergie pendant neuf mois. Cette intrication peut intervenir de fait avec tous ceux que nous aimons, et bien sûr nos conjoints. Mais aussi nos parents, nos grands-parents, nos amis, nos sœurs, nos frères... Tous ceux qui nous sont chers. Il est sécurisant de savoir que si quelqu'un que l'on aime meurt, nous pouvons être accompagnés tout un temps par *sa pleine présence*, que c'est normal, et non pathologique. S'il advenait malgré tout (ce qui est rare) que l'on se sente parasité, vidé de notre énergie, empêché d'agir, d'avancer, ou autres difficultés, il est bon aussi de savoir alors que nous pouvons nous faire aider. Nous ne sommes pas seuls.

Il faut dire, il faut expliquer que ces choses existent, que ce sont les plus belles qui puissent arriver au chevet de nos enfants mourants ou de nos êtres chers. Il faut dire que ces choses sont réelles, et que c'est magnifique.

À vous toutes, à vous tous, je donne ce conseil : écoutez votre intuition. Ne donnez votre pouvoir à personne.

Écoutez votre cœur.

C'est lui qui a raison.

Quelques mois et quelques séances plus tard, cette jeune femme m'annonça qu'elle était enceinte. Ce fut un moment de grande émotion. Le soleil, la lune, les étoiles réunies n'auraient pu briller d'une aussi grande lumière...

Une petite fille jolie comme un cœur naquit le jour de mon anniversaire.

Trois photos

Cette nuit, à 3h12, la sonnerie du smartphone m'a réveillée. C'était un envoi de mon ex-mari.

Trois photos, prises par lui. Je porte notre petite-fille de quatre mois, endormie, la tête posée sur mon épaule. Nous sommes avec nos deux filles. Tous les quatre. Cinq, avec Irina.

Elles reflètent la douceur de l'instant : ce bébé abandonné en toute confiance dans mes bras, qui, curieusement, me ressemble, ce qui habituellement n'est pas le cas.

La photo fut prise le 6 mai, jour anniversaire du décès de notre petite Rose, et pourtant, seuls la paix, le bonheur et l'amour nous animent.

Atelier

C'est un samedi après-midi, un samedi béni de mon atelier *La guérison de l'Enfant Intérieur*, atelier que j'adore animer. Il me permet d'aller tellement en profondeur dans le travail sur les blessures essentielles, les fameuses « blessures racines », celles qui parfois s'inscrivent dès la conception, ou lors de la gestation, la naissance et bien sûr durant notre enfance. Les temps actuels exigent de nous le passage à l'âge adulte, c'est pourquoi il est si important de prendre du recul sur son histoire et d'accepter de grandir.

Identifier ces blessures initiales, les mettre en lumière, puis, tâche parfois ardue, aider les personnes à les dissoudre, à déposer en toute sécurité ce qui fait obstacle, et leur permettre ainsi de dépasser leur incapacité à vivre le présent tant leur détresse est vive. À poser un regard nouveau, apaisé, sur leur histoire. À aller de l'avant, dans un nouveau cycle de vie.

Maturité rendue enfin possible.

Pacification de l'être.

Tout reprend sa place en douceur.

Le dimanche soir, éclate la vraie joie.

J'aime ce travail intime, puissant, dans lequel la confiance, le courage, la patience et le désir de vérité conjugués autorisent l'âme blessée à se dénuder jusqu'à son point le plus extrême.

À la souffrance de se transmuer en acceptation.

Acceptation, adéquation parfaite, compréhension ultime: ce qui fut était l'exacte application de notre plan de vie. Nous ne pouvons plus nous permettre de croire que nous sommes une victime.

Je suis en train de conduire un travail très précis de libération des liens toxiques entre les parents et « l'enfant », c'est-à-dire le participant venu nettoyer sa relation avec eux.

Exercice tellement éprouvant – car bien souvent des sentiments très négatifs se révèlent – qu'il me contraint à ne former que de petits groupes, pour que je puisse accompagner chaque personne au plus près de sa douleur, ceci afin qu'elle ne soit pas livrée à elle-même et, de retour chez elle, dérape dans une errance psychique délétère. Le risque serait qu'elle revive, amplifiée et durant des semaines, sans aide, sans possibilité de sortir de l'effroyable magma, sa souffrance primaire, celle qu'elle est précisément venue dépasser: en d'autres termes, sa leçon d'incarnation.

En ce samedi particulier, l'exercice nous fera vivre une émotion merveilleuse, d'une rare intensité.

Un homme a été choisi par une participante pour représenter sa mère décédée. Il s'agit de s'accorder avec l'énergie de la personne que l'on représente, peu importe le sexe. C'est simple à faire, et, mis en situation, chacun y arrive. De même, qu'elle soit de ce monde ou de l'autre ne change rien à la réussite de l'échange : l'énergie d'un être derrière le voile peut toujours être contactée, car la mort, tout le monde ou presque le sait aujourd'hui, n'est pas une fin. Dans des contextes précis, il répondra à l'appel.

En effet, quelques instants après le début de l'exercice, cet homme, les yeux plongés dans ceux de la stagiaire, change de regard. Le temps du travail, *il devient sa mère*. Tout le groupe vit alors une immersion inattendue dans l'amour.

Sans qu'il dise un seul mot, son visage change, s'adoucit, s'arrondit, on ne dirait plus un homme, une énergie de femme rayonne à travers lui, un sourire d'une extraordinaire douceur s'épanouit. Ses yeux flamboient d'amour, un amour souverain qui s'installe et fait se dissiper le réel. J'ai l'impression d'être sur l'estrade d'Amma, la sainte indienne, hors du temps, immergée dans une vibration si puissante qu'elle peut guérir les cœurs les plus fermés, guérir la nature blessée. Guérir le monde.

Un amour absolu, non duel, sans condition aucune, sans demande, sans injonction.

Un amour devenu matérialisation des enseignements spirituels et bientôt scientifiques : *la puissance de l'amour crée les mondes et le vivant*.

Le temps est aboli, vraiment.

Je goûte tellement ce moment d'exception que je ne parle plus, je ne fais aucun geste, j'ai cessé sans m'en rendre compte de guider le travail. Je suis captivée. Fascinée.

Subjuguée par ce qui nous est dévoilé.

Sous les yeux du groupe pétrifié, voici que dans un silence total se révèle une leçon magistrale.

Lorsque son être est pur, la puissance de l'amour d'une mère s'élève comme le chant de la Terre.

Changer

Les temps actuels m'interrogent sur ma manière de travailler. Je sais que le temps presse, que nous devons changer et ne plus nous établir dans une posture qui place la souffrance en modèle. J'observe également que ce qui prenait souvent du temps à libérer s'accomplit bien plus vite. Les gens – ceux que je vois en séance – sont prêts. Je vois aussi, clairement, que plus nombreux sont les soins d'énergie pure au cours desquels ce qui sort de ma main fait merveille.

Il n'en demeure pas moins que le « travail » en tant que tel a toute sa place, et qu'il est capital de ne plus résister, si l'on veut avancer et saisir l'opportunité qui nous est offerte de quitter nos espaces émotionnels et mentaux obturant la lumière.

Si l'on veut s'envoler.

J'aimerais écrire un livre libre de toute douleur, de tout chagrin, qui serait le reflet de l'état d'être de notre humanité. C'est loin encore de notre ordinaire...

En tant que thérapeute, je vois chaque jour combien les cœurs sont chargés. Alors, à ma manière, j'offre ces chemins que d'autres ont empruntés, comme autant de signes qu'il est possible de briser les chaînes qui nous entravent.

Il est possible de sortir de l'épreuve, je le constate au quotidien. La résilience est une réalité, un passage que nous pouvons adopter comme intention, comme modèle.

Il est possible à chacun d'aller au-delà du déni, de la colère, du marchandage, de la dépression, et d'arriver à l'acceptation. Ces étapes, découvertes par le Dr Elisabeth Kübler-Ross auprès de malades en phase terminale, nous les traversons tous, à un moment ou à un autre de notre parcours de vie ; elles sont valables pour toute épreuve, individuelle et collective.

L'acceptation signale que nous sommes prêts à rebondir.

Proposer des voies de compréhension et des motivations puissantes pour inciter au changement intérieur qui nous est demandé ; aider, comme le dit l'anthropologue et physicien Philippe Bobola, à « démanteler les structures intérieures pour que les structures extérieures se démantèlent aussi » : voilà pourquoi je continue à écrire.

À décrire.

Programme 1

« Quelle est ma mission de vie ? » est l'une des questions qui m'est fréquemment adressée.

Je souhaite préciser que ce chapitre est l'un des premiers que j'ai écrits pour ce livre. Je m'aperçois au fil du temps que cette thématique est abordée très couramment, que ce soit sur Internet ou au travers d'ouvrages de thérapeutes. Je m'aperçois également que nous en avons tous une compréhension assez proche.

J'ai pris le parti de le conserver malgré tout, car cette interrogation continue à m'être adressée régulièrement.

Le terme « mission de vie » est à mettre en relation avec la notion d'accomplissement personnel au service des autres, dans une perspective spirituelle. Le questionnement qui y est associé peut intervenir en raison d'un appel intérieur à aller vers *autre chose* qui nous reste encore inconnu : une quête de sens qui nous habite et peut même nous hanter. Cependant, durant la période de l'appel, même si nous sommes dans le brouillard en ce qui concerne *ce vers quoi* nous devons nous diriger, nous savons intuitivement que nous allons bientôt le découvrir et comprendre ce que nous sommes venus faire sur la Terre. Que nous allons trouver enfin notre juste place. Il s'agit alors de précisions à connaître.

Autrement, cette interrogation peut devenir source de beaucoup d'angoisse inutile, fondée sur la comparaison, l'envie, la dévalorisation si l'on estime ne pas avoir « fait » suffisamment, le sentiment d'avoir échoué, l'inquiétude justement de ne ressentir aucun appel particulier, la peur de ne pas être reconnu, de ne pas être à sa place, d'être inutile, et quantité d'autres émotions délétères. J'essaie toujours de tranquilliser.

Nous sommes trop souvent empêtrés dans l'évaluation et le jugement, qui nous rendent aveugles. Le sans-abri dont nous évitons le regard est peut-être un grand maître, et nous éveiller à la compassion, sa mission. Contrairement à ce que nous imaginons, il n'est nul besoin d'accomplir des choses grandioses pour être en conformité avec notre programme de vie. Sortons de l'illusion des apparences.

Il peut être intéressant, si l'on est dans ce questionnement, de se placer dans notre cœur profond. On peut chercher à se rappeler ce que nous souhaitions faire « plus tard », lorsque nous étions enfant ou adolescent. Là réside notre authenticité. Et observer si ce que nous avons installé s'y conforme, ou si nous nous en sommes éloignés au point d'en souffrir. Un recalage serait à effectuer qui consiste d'abord, dans un silence bienvenu, à nous mettre à l'écoute de notre âme grâce à l'intuition, car elle détient notre vérité et nous donnera des indices.

Nous possédons tous des dons, des talents, des compétences. Nous avons tous des potentiels, conscients ou non. Là aussi, posons-nous, et laissons parler notre voix intérieure. Laissons-les émerger. « Qu'est-ce qui me plaît vraiment ? Qu'est-ce que j'aimerais faire ? » Ou plutôt : « Quelle personne aimerais-je être ? » Puis agissons. L'important, c'est de se lancer. De ne pas avoir peur. Cela nous ferait passer à côté de ce que nous sommes venus faire.

À aucun moment, je n'ai eu peur de ce qui m'arrivait lorsque j'ai commencé à vivre des expériences extraordinaires. Sans savoir où cela me mènerait, j'ai laissé faire, et j'ai même encouragé ce réveil de mes facultés de soin par une pratique régulière. De même, jamais je n'aurais imaginé que je pouvais écrire.

Mais j'ai laissé la vie me guider.

Si l'on ne se sent pas en harmonie avec notre vie, il est bon d'oser changer. Si souvent l'on souffre de ce que l'on s'impose à soi-même, par peur de bouger... Les temps de bouleversement actuels nous invitent et nous aident au changement, contrairement à ce que nous croyons, agrippés que nous sommes à ce que nous connaissons. Il est inutile de le redouter, puisque nous y sommes poussés, et ce, pour le meilleur.

Il est fort utile en revanche de faire un vrai travail sur soi, libérateur. De « décaper le fond de la marmite », comme j'aime à le répéter dans mes ateliers ; à tout le moins de commencer d'urgence à la nettoyer. Cette libération de nos blessures du passé permet de changer notre monde intérieur et d'être libre. Elle est indispensable. Incontournable.

Chercher à découvrir où réside notre place revient à chercher comment se rendre utile : nous serons d'une immense utilité quand nous aurons atteint la stabilité émotionnelle. Alors, pourrons-nous bien plus efficacement passer à l'action.

À entendre semaine après semaine les tourments provoqués par cette quête de mission, je me dis qu'il serait bon de ne plus utiliser ce terme culpabilisant. Programme ou plan de vie vont très bien. Ce mot est à mon sens teinté d'élitisme spirituel ; à tout le moins, d'une demande de l'ego. Personne ne nous demande d'être mère Teresa ou l'abbé Pierre. L'erreur est de ne pas comprendre – pas accepter – que vivre en harmonie avec des valeurs spirituelles ne signifie pas que nous ayons une œuvre particulière à accomplir, et que si nous ne faisons rien de spectaculaire, nous aurons échoué.

Comprenons bien que la raison de notre présence sur Terre ne consiste pas tant en de grandes actions qu'en un retour à soi : notre *mission de vie n'est pas dans le faire, mais bien plutôt dans l'être.* Ne la confondons pas avec un projet professionnel. Elle est indissociable des thématiques que nous sommes venus travailler et constitue une opportunité de nous libérer des poisons que nous ramenons du passé, ainsi que des schémas de répétition dont, de vie en vie, nous ne sommes pas arrivés à nous défaire. En ce sens, elle représente dans un premier temps une quête de guérison. Si nous avons eu du mal dans nos vies précédentes avec des émotions fortes comme la colère, ou la révolte face à l'autorité, par exemple, nous devrons avant toute chose arriver à installer en nous la paix intérieure, quel que soit le lieu où nous nous trouverons, quels que soient le travail, les personnes, les évènements auxquels nous serons confrontés.

Je suis devenue thérapeute, mais je considère que mon programme, au travers d'immenses souffrances qu'il m'a bien fallu soigner, était de me libérer du sentiment de culpabilité et d'apprendre ce qu'est l'amour au cœur d'une vie humaine, puis de transmettre aux autres les moyens de parvenir à le trouver pour eux-mêmes.

S'aimer soi-même, aimer les autres, essayer du mieux possible de faire le bien, être un soutien, rendre heureux nos proches (et ceux que nous croisons) par notre comportement, notre légèreté, nos sourires, c'est se mettre au service. Savoir donner, c'est donner un vrai sens à sa vie.

C'est – j'ai lu ou entendu cette phrase quelque part – « ajouter à la création collective de l'humanité ma note personnelle, en faisant mon possible pour qu'elle résonne joliment ». Plus simplement, il s'agit que notre cœur soit ouvert.

Le plus important à mon sens demeure ceci : *mon programme de vie, ma contribution à la vie, c'est d'être heureux, là où je suis, ici et maintenant. « Be happy ! »* nous disent les maîtres spirituels. J'avais été incroyablement touchée par la lecture d'un message des Solaires, dans le livre d'Anne Givaudan, *Petit Manuel pour un grand passage* : « Vous cherchez de grandes missions, prenez celle d'apporter la joie et votre but sera atteint. »

La seule chose que nous ayons à faire, finalement, c'est d'être heureux. Souvent, je vois des gens hantés par leur quête impossible, cherchant désespérément la réponse à l'extérieur d'eux, qui soudain s'éclairent après que je les ai questionnés sur leur activité et leur mode de vie, et, expliqué qu'ils sont tout à fait à leur place. Vibratoirement, ils font un travail extraordinaire, même s'ils n'en étaient pas conscients.

S'il est vrai que l'un des indicateurs de notre juste place est le sentiment de joie et de satisfaction, il s'agit parfois simplement de pousser légèrement le curseur pour s'apercevoir que si nous cessions de chercher à être un autre que celui que nous sommes – donc d'être dans l'insatisfaction de ne pas ressembler à nos modèles –, si nous nous acceptions, nous ressentirions avec un profond soulagement que notre vie, en apparence plus modeste que celle des icônes que nous admirons, contient en elle-même les éléments de la perfection. Notre chemin, dès lors que nous l'acceptons, est le bon.

De nombreux êtres s'éveillent ces dernières années, et nombreux sont ceux à se diriger vers le domaine de l'aide à la guérison spirituelle, ce qui, vu de l'extérieur, peut sembler « valorisant ». Mais c'est loin d'être le seul secteur d'action !

Ce qui nous est demandé en ces temps d'évolution accélérée, c'est d'être *un point focal du divin dans l'humanité, où que l'on se trouve* : dans l'entreprise, à l'école, à l'université, à l'hôpital, sur notre tracteur, sur le tournage d'un film d'auteur, dans notre commerce, au restaurant, en changeant notre bébé, dans notre camion en approvisionnant les villes en denrées essentielles, en vidant les poubelles des cités, sur un chantier...

Nous avons rassemblé dans cette incarnation les ressources et les potentiels de toutes les autres. Nous avons été volontaires pour être présents en cette période car nous voulions aider, participer au changement d'ère qui s'annonce.

Alors, soyons heureux d'être là !

Encore une fois, l'aide la plus précieuse que nous puissions apporter à l'humanité ne réside pas dans le « faire ». Elle est dans la mise en action de décisions essentielles : sortir de la peur, de la négativité, et devenir des piliers de lumière. Nous ouvrir à l'amour, à la compassion, à la sagesse, à la joie, et nous rappeler enfin notre pleine puissance : ce magnifique programme est celui de tous. De chacun d'entre nous, sans exception.

Les hindouistes disent : « Notre karma est notre dharma. » Ce que nous faisons dans le monde constitue notre pratique spirituelle. Établissons-nous au cœur de nous-mêmes, sans forcément fonder une grande œuvre extérieure, mais rayonnons qui nous sommes. Rétablissons la connexion avec notre âme. Retrouvons avec confiance le chemin de la paix, de la joie et de l'amour.

Notre programme de vie ou notre « mission », dans la période actuelle, est de nous reconnecter à notre propre source.

Programme 2

En écho avec les pages précédentes, l'envie me vient de raconter avec mes mots, (ceux qui la connaissent dans le texte me pardonneront) cette histoire zen.

Un jour, un très grand maître meurt, laissant l'un de ses jeunes disciples dans la désolation. De nombreuses années ont passé, et le disciple inconsolable, à bout de douleur et d'angoisse, va chercher auprès d'un autre maître des informations sur ce qui advint à son maître bien-aimé. « Où est-il à présent ? Va-t-il bien ? S'est-il réincarné ? Pourrais-je avoir un signe ? »

Après bien des refus, l'autre maître se laisse émouvoir et lui dit : « Regarde. »

Devant les yeux du disciple une scène se dévoile. Une galerie commerciale au cœur de l'Amérique profonde. Une famille : le père, la mère et deux jeunes enfants, en T-shirts, bermudas et tongs, tous en forte surcharge pondérale, déambulent avec satisfaction en se régalant d'*ice-cream*.

« Mais, où est mon maître bien aimé ? » demande le disciple interloqué par cette vision.

« Eh bien, tu le vois ici même. C'est cette femme. C'est la mère. Ton maître est revenu en cette femme. »

« Mais non ! Pas lui ! C'est impossible ! » s'exclame le disciple catastrophé.

« C'est pourtant lui. Il lui manquait cette expérience. »

Correspondance électronique

2 mai.

Bonjour Agnès,

Je pense que vous n'êtes pas disponible mais je tente au cas où: mon père est à l'hôpital et est en train de se faire opérer. C'est grave. (...) Si vous êtes disponible, voici mon téléphone.

11 mai.

Bonjour Marie,

Je suis désolée, tellement désolée de retrouver votre mail ce soir...

J'ai eu moi aussi de grosses inquiétudes envers quelqu'un de ma famille et j'ai complètement oublié votre mail après l'avoir lu...

Je ne sais même pas quoi vous dire sinon vous prier de m'excuser, de tout mon cœur.

J'espère que tout s'est arrangé pour votre père, vraiment.

12 mai.

Bonsoir Agnès,

C'est moi qui suis désolée

– de vous avoir sollicitée en urgence : je m'en suis voulu de l'objet de mon mail trop fort, sachant que tant de monde doit vous solliciter,

– et de lire ces nouvelles.

J'espère du plus profond de mon cœur que son état va s'améliorer.

Quant à mon père, il va mieux ; les médecins étaient très étonnés qu'il s'en sorte sans plus de dommages (rate retirée et hémorragie interne). Son état est stabilisé depuis. (...)

12 mai.

Merci Marie,

Je suis si soulagée pour votre père et très heureuse pour vous.

Et, vous voyez, en lisant « les médecins étaient très étonnés », je me suis souvenue subitement qu'en lisant votre mail, j'avais fait une demande d'aide en urgence à mes guides. Et puis, j'ai totalement oublié. Ils ont été avec votre père.

Cela arrive régulièrement ce genre de belles choses...

Confiance absolue

« Ce genre de belles choses », la prise en charge d'une personne en souffrance physique ou émotionnelle par mes guides thérapeutes alors que je n'ai fait que demander très vite – avec beaucoup d'ardeur – sans agir par moi-même, se produit assez régulièrement, c'est un fait.

J'en reste infiniment reconnaissante, mais depuis longtemps n'en suis plus étonnée. Je suis le témoin de tant de phénomènes singuliers... Le rationnel n'y prend pas souvent place. Il me semble que cet accord des guides tient à notre grande intimité, à cette extrême proximité, celle qui permet la confiance absolue.

Je m'en remets à eux et laisse faire.

Dans le cas cité page précédente, je n'enlève rien, évidemment, ni aux médecins, ni au pouvoir personnel d'autoguérison de la personne opérée, encore moins à son guide. Mais je sais également combien l'aide des grands thérapeutes avec lesquels je suis connectée peut être agissante. Cette phrase, mantra de tant de soigneurs : « Je suis un instrument » prend ici tout son sens. Sa valeur. Nous sommes l'instrument par lequel ceux qui savent peuvent soigner. Parfois, nous n'avons rien à faire. Juste être celle qui demande.

Ils accomplissent alors ce que l'on pourrait nommer un miracle, tant est confondant de simplicité ce que l'on observe.

Pour autant, chaque amélioration, chaque guérison de cette nature est accordée en fonction de critères très précis concernant le chemin d'âme de la personne, parfois aussi de son entourage. Pour la plupart, le consentement et sa mise œuvre ne seront pas donnés dans cette limpidité.

Nous, en bas, ne connaissons rien des lois mystérieuses régissant les choix de ceux qui exaucent les prières.

L'enfant qui reste

J'ai évoqué dans le chapitre « Accords secrets » le cas de l'enfant né après un enfant malade ou handicapé, et les difficultés qu'il rencontre. Il est une autre configuration terriblement douloureuse, c'est celle de *l'enfant qui reste* après le décès d'un frère ou d'une sœur. Qu'il soit plus jeune, qu'il soit l'aîné, qu'il soit devenu de ce fait enfant unique ou qu'il ne le soit pas, sa situation est terriblement difficile.

Je ne peux pas dire quelle mère j'aurais été dans cette situation. Je sais trop bien combien la perte de notre enfant nous ôte l'envie de vivre. Dans notre histoire familiale, mes filles n'ont pas connu leur sœur aînée, ce qui est différent. Et cependant elles ont, surtout Clara, née trois ans après son départ, beaucoup porté ce drame. Laura fut un peu mieux protégée grâce à sa sœur qui lui permit d'avoir une enfance plus légère. Sa venue nous plaça dans un modèle différent de la famille à trois, et, du temps ayant passé, son père et moi étions plus apaisés. Ce qui est certain malgré tout, c'est qu'elles n'ont pas eu une enfance « ordinaire ».

L'écoute de mes patients met en évidence, si besoin en était, à quel point la souffrance de l'enfant « orphelin » de frère ou de sœur est immense. À quel point il se retrouve seul face au drame. Une douleur solitaire, parfois muette, pour ne pas accabler des parents qu'il sent tellement fragiles, ou parce que le nom de l'enfant décédé est devenu tabou. Dans certains cas, on ne lui a pas dit la vérité, dans l'intention de le protéger. Mais dire que son frère ou sa sœur est « parti », sans mieux expliquer, est terriblement anxiogène, d'autant que l'enfant perçoit avec acuité la douleur de ses parents et du reste de la famille, et que grâce à ses perceptions, subtiles, il « sait » ce qu'il s'est passé. Il n'est pas bon de lui mentir. À l'inverse, l'enfant manquant peut prendre tout l'espace. Il est porté aux nues. Héroïsé. Il devient insurpassable : celui qui reste s'asphyxie lentement dans sa propre invisibilité.

Il est beaucoup demandé à l'enfant qui est encore là. La charge est souvent trop lourde pour son âge. Il doit porter ses propres émotions de tristesse, de peur ou de colère devant l'injustice qui détruit sa vie et celle de sa famille. Il lui faut aussi porter ses parents. Porter les autres membres de la fratrie, s'il y en a. Consoler, ou bien alors se taire pour ne pas déranger.

Il arrive fréquemment que les parents se replient sur eux-mêmes – ou sur leur travail – et ne soient plus disponibles. Ou à l'inverse, qu'ils s'étourdissent dans des activités qui leur permettent de s'extraire de leur drame, et qu'ils n'aient plus trop d'espace pour l'enfant qui est là. Il peut arriver également que la naissance d'un bébé, baume pour les parents, soit cause d'une mise de côté, car contrairement au nouveau venu qui, doté de forces jaillissantes, entraîne vers le nouveau, il est, lui, un rappel du passé.

Parfois enfin, des situations extrêmes peuvent se présenter. Quand la douleur a tout dévasté, les parents n'ont plus la force de s'occuper de lui. Ils ont une seule aspiration : mourir à leur tour pour retrouver l'enfant disparu. Et même le désir fou d'emmener l'enfant qui reste avec eux. Cela peut aller jusque-là.

Quel que soit le schéma (« oublié » par ses parents ou béquille), l'enfant – ou les enfants – de ces familles abîmées vivent une douleur profonde, qui doit être entendue, respectée.

Chacun a besoin d'aide dans ces moments où le monde s'écroule. Le cœur des parents, réduit en miettes, n'a plus la capacité à donner. Celui des enfants « survivants » est lourd de leur propre peine. Du manque, de la douleur de l'absence, du déséquilibre de la fratrie, et parfois de la culpabilité d'être en vie. Tout ceci est renforcé par le poids du désespoir familial élargi. J'entends des plaintes à fendre l'âme. Ces enfants sont en deuil, eux aussi. Ils doivent pouvoir vivre leur chagrin.

Pour clôturer ce tableau douloureux, je précise que bien évidemment de nombreux parents n'entraînent pas leur enfant dans leur drame ; ils sont en vigilance et leur enfant restant (ou leurs enfants) devient leur priorité.

Dans un immense acte d'amour, ils vont jusqu'à mettre leur propre souffrance en veilleuse pour s'assurer qu'il va au mieux de ce qui est possible. Ils lui offrent également la possibilité de traverser cette situation dramatique grâce à un accompagnement thérapeutique approprié. C'est le meilleur, vraiment, le meilleur qu'ils puissent faire. L'aide est d'autant plus précieuse et profitable avec leur écoute et leur attention à eux.

Car l'amour, lui, ne meurt pas.

Un choix éclairé

Mon intention n'est pas d'émettre un jugement sur les parents. Ni d'enfermer les enfants dans un statut de victime. La souffrance, si insupportable soit-elle, est vécue par chacun selon ses possibilités.

Juste un rappel, ici : lorsque nous nous plaçons dans un niveau de lecture différent, bien des schémas qui nous gouvernent encore trop souvent n'ont plus leur place. Les contextes familiaux dans lesquels nous naissons, les souffrances que nous endurons, tout ce que nous subissons a un sens. Selon la vision spirituelle, ce que nous vivons, même le pire, est en conformité avec le plan que notre âme et nos guides ont élaboré, en fonction de ce que nous avions à harmoniser en regard de nos vies précédentes. « Ainsi, l'agencement des destins correspond-il à une mathématique qui dépasse infiniment la plus affinée des compréhensions humaines. Il s'opère dans une zone de la Conscience Divine au sein de laquelle nos concepts classiques de justice et d'injustice ne signifient rien », écrivait Daniel Meurois dans *Le Non Désiré*. La vie ou le divin nous donnent souvent la sensation d'une erreur ou d'une injustice, mais chaque épreuve a un sens. Elle se fait notre terrain de croissance.

Il est courant de dire que ceux qui nous font souffrir sont nos plus grands maîtres. Ceux qui nous quittent le sont aussi. Car nous sommes obligés d'aller chercher au plus profond de nous-même comment continuer. Nous devons ouvrir nos cœurs et accueillir ce qui est. Les drames, les malheurs représentent des leçons que nous avons à intégrer, ce sont des opportunités pour nous transformer et pour progresser. Pour « grandir ». Pour développer notre compassion et ouvrir notre cœur afin de devenir un être humain véritable. Nous y avons donné notre accord. C'était un choix éclairé.

Chez certains, la dimension humaine, psycho-émotionnelle, est coupée de la dimension spirituelle. Dès lors, la personnalité n'a pas conscience de son âme. Toutefois, nous sommes bien plus que la personne. Il serait bon pour nous d'avoir enfin connaissance de la grande loi, et de l'assimiler, malgré sa part de mystère : *nous sommes un être spirituel venu réaliser une expérience terrestre*. Avec cette perspective, tout prend sens.

Nous avons quitté la Source il y a des éons, et, de vie en vie, d'expérience en expérience dans le plan de la matière, au fil d'un gigantesque parcours, nous remontons vers elle, notre origine, notre principe premier, pour nous fondre en elle de nouveau, enrichis d'un savoir essentiel.

Comme le rappelait Issã Padovani dans sa *Prière du soleil,* nous sommes « la Lumière, le Tout Amour, la Force de Vie incarnée ». Nous devons nous en souvenir, et choisir de le manifester. Activer cette puissance, nous

« réaccorder à notre vibration originelle ». Nous rappeler que nous sommes « un soleil ». L'adversité – c'est bien là son but – se charge de nous le faire découvrir, ou de nous le rappeler si nous n'en avions pas développé une compréhension suffisante. Ce qui nous semble si difficile est porteur d'une vocation primordiale : nous transformer. En comprenant ces principes, nous pourrons vraiment avancer, et trouver l'apaisement. Nous délivrer du doute, du sentiment de chaos et de celui de l'absurde.

Après l'apaisement, c'est la paix qui s'installe. Conjointement à la paix, s'enracine un nouvel état d'être, résultant de la connexion avec notre âme : la joie. Nous avons réussi à dépasser notre épreuve. Pour toujours, nous sommes transformés.

Mais tout change, tout évolue. Alejandro Jodorowsky nous le dit lui aussi : « De plus en plus, ces dernières années, des âmes s'incarnent, qui se rappellent clairement qui elles sont. Contrairement à nous, elles n'ont pas à suivre un "chemin de retour" à leur divinité. Elles n'ont pas à expérimenter. Elles viennent pour aider, c'est là leur mission. Elles arrivent en tant que maîtres. Par amour. On le voit clairement chez de nombreux enfants et adolescents. Leur projet d'âme est d'activer le nouveau monde, et leur force est immense. »

À ces bébés, ces petits, ces ados, ces jeunes et jeunes adultes, magnifiques êtres aux cœurs purs...

Merci d'être venus en ces temps de transformation collective œuvrer à la création d'un nouveau monde, merci d'établir l'amour sur la Terre.

Ce dont il est question, pour les autres, c'est de nous éveiller à notre être authentique. D'ouvrir notre conscience à la dimension de notre âme. De faire à nouveau le bon choix, éclairé.

Muse

Par un bel après-midi de printemps, je réponds à mes mails sur la terrasse en bois de l'ancien petit atelier de serrurerie que j'occupe depuis quelque temps. L'odeur des seringas de la haie m'enchante, la glycine et le rosier sont en fin de floraison mais restent magnifiques, les pots de bambous ferment le cercle. Je suis dans un cocon de verdure, isolée du passage.

Un moment délicieux.

La gratitude envers la vie, envers mes guides, m'envahit doucement. Je ressens ce nouvel endroit comme un cadeau qui me comble.

La sonnerie du téléphone m'indique un nouveau SMS. C'est un auteur, rencontré à la Foire du livre de Brive en novembre, qui m'adresse un joli message : « Je suis dans ma maison, j'écris mon prochain livre. Tu m'apparais souvent en flashs ! Comme pour m'inspirer. Merci de ta présence ! »

La surprise et le plaisir de ces quelques mots me font sourire et me dictent la réponse : « Je suis heureuse si je t'inspire, moi je n'arrive pas à écrire une ligne depuis des mois ! »

Je rallume mon ordinateur. Sans bien prendre conscience de ce que je suis en train de faire, au lieu de revenir à la messagerie, je clique sur le dossier « SIL » (abréviation des éditeurs pour mon titre), et commence à lire des passages.

Puis, très naturellement, je commence un chapitre. Je ne m'arrêterai plus pendant dix-huit mois.

J'aime bien l'idée d'avoir été une muse en cette jolie journée.

Et si ces flashs avaient eu un double but ? Inspirer, peut-être, mais aussi, par ce message, m'indiquer que le temps de la gestation était terminé ?

Quelques pistes 1

Je vais donner quelques conseils, ou plutôt quelques pistes. Ce sont des réflexions qui me viennent lors des soins. Je me promets toujours d'écrire un texte à leur propos, et puis la personne part, je referme le classeur qui contient sa fiche, et me voilà bien incapable de me rappeler quoi que ce soit ! Ces réflexions sont récurrentes et, me semble-t-il, importantes à connaître. Je souhaite donc en faire part, même hors description de séances.

La première concerne les peurs que nous pouvons vivre à certains moments de nos vies : peurs sourdes, latentes, qui remontent, nous envahissent au réveil, ou lorsque nous nous endormons, ou bien encore lors des moments où notre vigilance baisse la garde. Littéralement, elles nous « empoisonnent ». Elles ont cependant le mérite de nous pousser à consulter, car souvent elles deviennent insoutenables.

J'observe que lorsqu'elles vivent ces moments si inconfortables, les personnes redoutent un évènement à venir car elles pensent que leur inconscient les alerte : or, il ne faut pas mélanger *mémoire* et *prémonition*.

Le plus souvent, ce qui viendra pendant la séance sera la reviviscence d'un traumatisme. Tout ce temps d'inquiétude était un effort de notre moi profond pour nous libérer d'un évènement de notre enfance, de notre naissance ou de notre gestation, du transgénérationnel, ou bien d'une vie antérieure, qui n'avait pas été guéri. C'est un profond « labour » intérieur reposant sur une tentative de réconciliation avec notre histoire ou plus largement l'histoire de notre âme. Une préparation à un travail de libération de mémoires cellulaires. La peur était due à un écho mémoriel – parfois karmique, donc – et non pas l'avertissement d'un évènement grave.

Pour donner deux exemples, quelqu'un rêvant de manière récurrente, ou étant obsédé par des pensées d'angoisse concernant le feu, n'est pas, le plus souvent, une victime en devenir d'un incendie grave, mais bien plutôt quelqu'un en cours de processus de purification émotionnelle ; quelqu'un, par exemple – c'est très courant – qui, se préparant à s'installer comme guérisseur, doit affronter la terreur ancienne d'avoir été brûlé sur le bûcher. Même chose si l'on se sent soudain en grande insécurité, et que l'on craint de se faire agresser ou violer. Au terme parfois de plusieurs mois d'angoisse, pourrait sortir d'amnésie une horreur vécue dans l'enfance.

Lorsque cette mémoire est libérée – l'évènement remonté à la conscience, accueilli, travaillé, les raisons de sa présence dans notre vie bien comprises – et lorsque l'on a découvert et assimilé à quel point il fut important au final de le vivre pour notre avancée, nous en sommes délivrés.

Restant dans cette thématique, je m'adresse maintenant à ces personnes qui ressentent des choses désagréables, ou qui ont des pensées concernant la sphère sexuelle qui les dérangent terriblement : « Je m'imagine des choses qui ne peuvent pas avoir existé. Je deviens fou (folle) ». Pire encore : « Je ne suis pas normal(e), je me sens sale, j'ai des pensées vicieuses, je vois des choses indécentes »... Elles sont terriblement déstabilisées, doutent d'elles, éprouvent de la honte, se sentent terriblement mal et ne comprennent plus rien.

Ne croyez pas que vous êtes une mauvaise personne, je vous en prie ! Vous n'êtes ni « sale », ni « vicieux(se) », ni « dépravé(e) ». Vous n'inventez pas ces choses, vous n'inventez pas ces « visions malsaines ». Il y a de grandes possibilités au contraire que ce soient des souvenirs. De grandes possibilités pour que vous ayez vu, entendu ou pensé ces choses dans des conditions de choc insoutenable. De très grandes possibilités que vous ayez été abusé(e), ou violé(e).

C'est cela qui n'est pas normal.

Votre psyché fait remonter à la surface cette charge traumatique pour vous en libérer. *Quelqu'un qui n'a pas été abîmé n'a jamais ce genre de sensations ou de visions.* Ne doutez pas de vous ou de votre santé mentale. Vous pouvez vous faire aider.

Vous pouvez être soigné et guérir.

Je voudrais recommander à ce propos le livre bouleversant de Stéphane Allix, *Nos âmes oubliées*, qui nous entraîne pas à pas sur le long chemin de la reconstruction et de la guérison, après la découverte d'actes contre-nature vécus lors de sa petite enfance.

J'ai découvert autre chose. Lorsqu'un enfant a été témoin d'un abus – pas victime, mais témoin –, par exemple s'il a vu sa mère se faire maltraiter par son père, ou se faire battre, ou s'il a surpris quelqu'un en train d'abuser sa grande sœur ou son petit frère, on serait tenté de penser que c'est moins grave car il ne lui est rien « arrivé » en direct. Or, la plupart du temps il a vécu un traumatisme majeur.

De plus, contrairement à la victime, qui bien souvent lors d'une situation épouvantable arrive à s'extraire de son corps pour s'en dissocier (c'est un processus involontaire et naturel de survie), il ne le fait généralement pas.

La victime peut vivre de nombreuses années coupée intégralement de l'agression – jusqu'à ce que la mémoire revienne, ce qui peut prendre de longues années. Mais l'enfant témoin n'a pas cette protection psychique. Ce sont donc des traumatismes qui demeurent relativement en surface même s'ils sont oubliés, et il est important, dans la mesure du possible et quel que soit l'âge, de les soigner. Car ils hantent l'enfant ou l'adulte qu'il est devenu, et causent beaucoup de dommages. Le principal étant la non-reconnaissance du préjudice, puisqu'il n'a rien « subi » par lui-même ; la non-autorisation à vivre sa souffrance.

Et ceci, à propos de l'infertilité : et si c'était le plan de votre âme ? Et si tous les échecs répétés, la procréation assistée qui n'aboutit jamais, les espoirs effondrés... et si tout cela résultait de votre choix d'incarnation ? Et si ce n'était ni injuste ni une horrible punition, mais l'expérience que vous avez acceptée ?

Laissez-vous la liberté de vous faire confiance, et de vous rappeler si, lorsque vous étiez jeune, vous étiez certain(e) de vouloir des enfants. Autorisez-vous à vous accorder à votre connaissance intérieure. Parfois, nous savons, nous nous rappelons au plus profond de nous-même les grandes lignes de notre plan de vie : nous pourrions être en paix avec ce que nous vivons si nous ne nous laissions pas affecter par les regards multiples – familial, amical et social – qui font pression sur nous.

Bien sûr, ceci ne concerne en aucun cas ni toutes les femmes ni non plus tous les hommes : ce n'est pas, et de loin, une généralité. Pour certains, la difficulté constitue précisément un chemin initiatique, qui les mènera à la réalisation de leur désir d'enfant avec une conscience considérablement enrichie. La souffrance les aura, en quelque sorte, purifiés d'un point de vue karmique. Elle leur aura fait dépasser ce qui entravait leur âme.

Il m'arrive pourtant de devoir parfois poser la question, soufflée par les guides.

Soleil

Nous avons besoin de savoir, c'est-à-dire de connaître, de ressentir au plus profond de notre être que nous sommes aimés.

Que nous sommes donc aimables.

Cette confiance absolue, c'est la mère qui la donne à son bébé.

Par l'enveloppement de notre petit corps dans ses bras accueillants, la chaleur de sa peau, son odeur, sa voix tendre.

Comme tous les mammifères, nous avons besoin, en plus d'être nourris à notre faim, de protection, de sécurité, d'amour et de contact physique avec notre mère.

Goûter le bonheur de la chair.

C'est un besoin fondamental.

Vital.

Je dois avoir la totale assurance, car je le lis dans ses yeux et le ressens avec mon cœur, avec mon corps, que je suis ce qu'elle a de plus cher. Qu'elle est heureuse de me consacrer du temps. Qu'elle ne pense pas à autre chose de plus important.

Je suis le plus précieux de ma mère.

Son soleil.

Alors, plus tard, je vivrai en harmonie avec mon corps.

Puis je pourrai m'abandonner avec bonheur dans les bras de mon partenaire. Je n'aurai peur ni de l'amour ni de la sexualité.

Car mon corps fut aimé, je saurai l'aimer, et je saurai aimer.

Je ne serai pas fermé. Rigidifié.

Je ne me sentirai pas rejeté, je n'aurai pas peur de déranger, de ne pas mériter. Je ne me sentirai pas indigne.

Ou délaissé.

Je n'aurai pas de comportements déviants de mise en danger. J'aurai de l'estime pour moi car je saurai, bébé précieux que j'ai été, que j'ai de la valeur.

Petite maman, prends soin de cette vie qui t'a été confiée.

Prends soin de ton bébé.

Berce-le, allaite-le si tu le peux, caresse-le, masse-le, baigne-le avec plaisir.

Laisse-le s'endormir contre toi, dans ta chaleur, dans les battements de ton cœur. Dans la vibration de vos deux cœurs ouverts. Fais rayonner ta joie d'être maman.

Garde-le longuement contre toi.

Parle-lui, chante-lui ton amour.

Ressens son bonheur.

C'est ton bébé.

Fais durer ce moment de félicité.

N'oublie pas que derrière sa fragilité, il y a un plan solide.

Son âme se prépare à poursuivre son chemin et tu as accepté de l'accompagner.

De l'aider.

Donne-lui ton meilleur.

Corps

Bien que je sois « énergithérapeute », la dimension du corps m'apparaît essentielle. C'est la raison pour laquelle j'ai écrit les lignes précédentes. La guérison de l'être ne peut se dissocier de la paix corporelle. Un deuil, par exemple, ne sera accompli que lorsque, et lorsque uniquement, la dimension de la chair sera apaisée. Quand le manque de l'autre, de son contact en termes de chaleur, d'odeur, de douceur de la peau, de sa voix, de son rire, de la sensation si réelle d'être pris dans ses bras (ou de le serrer contre son cœur s'il s'agit d'un bébé) sera accepté. Dépassé.

Je reçois régulièrement des personnes qui furent adoptées. Elles aussi me confortent dans cette compréhension fondamentale de cet aspect de nous-mêmes, lorsqu'elles me disent le manque du corps de leur mère. Même celles qui furent accueillies à quelques semaines par des parents aimants. Il vibre en elle une inquiétude, souvent au plus profond, parfois non nommée car non conscientisée : celle du mystère jamais élucidé, de la non-connaissance – du non-oubli, plus justement – d'une adéquation cellulaire parfaite avec une autre chair.

Celle qui permet d'être en paix.

Car d'elle, nous tirons notre deuxième origine, celle qui nous équilibre à la perfection : ne dit-on pas l'âme et le corps, et bien plus, *corps et âme*, pour décrire un être humain ?

Or, si le corps fut arraché à sa mère, il en résulte un vide primordial, devenant souvent le moteur d'une quête – vitale – de retrouvailles. Il existe des soins spécifiques de réparation pour ces petits êtres accidentés. Je prends toujours un immense plaisir à les donner.

Le soin d'énergie permet de s'affranchir de l'espace et du temps.

Alors je répare le bébé abîmé que fut l'adulte que je soigne.

Ondes de douceur.

Houle.

Vagues concentriques d'amour.

Bercement...

Je « prends en énergie », en visualisation/ressenti, ces tout-petits virtuels, ces enfants intérieurs blessés, tout au creux de mon bras, bien au chaud contre moi, et, longtemps, je pose ma main sur leur cœur.

Sur leur petit ventre tiède.

Sur leurs pieds.

Sur leur tête.

Pour leur donner un contour, les délimiter.

Les rassurer.

Pour les emplir de lumière, et les « recoller ».

Afin que l'adulte se sente enfin entier.

Samskara

Quelques jours après son décès, l'âme d'un homme vint me contacter pendant que je faisais un soin. Il me dit une phrase que je trouve importante dans sa dimension d'enseignement.

Parlant de ses guides, il déclara : « Ils sont venus me chercher. Ils attendaient que je sois prêt. *Ça m'a rendu heureux qu'ils coupent les fils*. Je me suis senti si léger. »

Je compris qu'il faisait allusion aux fils énergétiques qui relient notre corps physique à nos corps subtils, parmi lesquels le fameux « cordon d'argent », sorte d'ombilic immatériel qui relie l'âme au corps. C'est lui qui nous permet de voyager à l'infini dans le cosmos et dans d'autres dimensions sans danger de nous perdre. Sa rupture acte la cessation définitive de la vie corporelle. Mas il existe également d'autres « fils » d'énergie, reliés à différents chakras, qui, lorsque le moment de notre mort approche, se rompent les uns après les autres. Le langage le dit bien : « Sa vie ne tient plus qu'à un fil. » C'est de cela qu'il est question, sans que nous le sachions, le plus souvent.

L'âme de cet homme venait de m'apprendre, par-delà le voile qui nous séparait, une chose que j'ignorais.

Lorsque des défunts se présentent pour me raconter leur départ, ou lorsqu'il m'arrive d'assister des mourants, il est toujours question d'un processus identique : le travail de rupture des fils énergétiques s'accomplit « de soi-même ». Je n'avais jamais pensé qu'il doive être réalisé par les guides.

Cette phrase témoigne qu'il peut en être ainsi, mais que ce n'est peut-être pas la norme.

Aussi, voici mon interprétation. Je crois que ce message était destiné à nous instruire. Paralysé depuis longtemps, cet homme était privé de mouvement, et avait tellement intégré cet état, que même au moment du départ, son âme avait oublié qu'elle pouvait se libérer par elle-même. Dans leur infinie bienveillance, ses guides l'ont fait pour lui, avec beaucoup d'amour.

Les Vedas, qui sont les textes sacrés les plus anciens de l'hindouisme, parlent de la notion de Samskara (et non pas Samsara, qui, lui, définit le « courant des renaissances successives »). Le Samskara qualifie les *tendances résiduelles inconscientes*. Ce sont nos dispositions acquises, les formations mentales rémanentes issues de nos vies passées et composant notre personnalité : des empreintes qui marquent notre âme.

L'état d'impuissance à se mouvoir par lui-même et à se servir de ses mains avait fini par devenir le Samskara de cette vie-ci. Il l'avait emporté avec lui.

De ce que j'ai ressenti vibratoirement, ce geste des guides, certainement en lien avec le fait que cet homme était un être plein d'amour, indique que son âme est purifiée. « Son karma est dissous. » *Il ne reviendra pas avec une mémoire de paralysé.*

Lavée

Parfois, je saisis instantanément la teneur des signes qui me sont adressés. Parfois, j'ai plus de difficulté...

Je vécus il y a une dizaine d'années une demi-journée étonnante. J'étais dans la cuisine, en train de faire du thé. Il était tôt. Par la porte-fenêtre, je remarquai quelque chose d'insolite : la marche d'accès à ma chambre, devant une autre porte-fenêtre, était inondée. Je m'étais assise sur cette marche la veille vers minuit, en rentrant de la gare, pour regarder le ciel. Il n'avait pas plu depuis, puisque le reste du sol était sec, et le petit jardin aussi. J'observai avec attention : la terre, le grand rosier, les buissons d'hortensias, la haie d'aucuba, l'althæa. Aucune humidité.

Je ne pus m'empêcher de sortir, car dès cet instant, je ressentis qu'il y avait là un mystère. En effet, tout était sec, alentour. Je regardai si une fuite provenait de la gouttière, si mon voisin avait mal fermé le tuyau d'arrosage, ou s'il aurait donné de l'eau aux bambous pendant mes trois jours d'absence.

Mais rien de tout cela.

L'insolite, le voici. L'eau, qui mesurait plus d'un demi-centimètre de hauteur, s'arrêtait au bord de la marche d'une manière très étrange, comme certains verres remplis à ras bord qui devraient déborder mais qui, pendant quelques brèves secondes, comme sous l'effet de la magie, ne le font pas. Et puis c'était seulement la marche de ma chambre, alors que normalement, cela aurait dû gagner plus loin. Il y avait comme une frontière, qui n'aurait pas dû être.

Et rien ne coulait...

C'était le seul endroit inondé.

Encore une fois, tout était sec, tout autour.

Il n'y avait aucune explication logique à ce phénomène.

Il n'y en avait pas non plus d'illogique, c'est bien ça qui finissait par m'obséder.

Puis je reliai cet évènement à Marie.

Plusieurs fois par an, je vais avec mon meilleur ami à Lourdes.

J'en étais rentrée la nuit passée.

Devant l'étrangeté de cette eau sur la marche de ma chambre, je pensai qu'elle était peut-être en train de me dire quelque chose. Mais quoi ?

Marie est pour des millions de personnes dans le monde la « Maman du ciel » : elle incarne une essence d'amour maternel, accueillante et consolante, merveilleusement apaisante. Elle est aussi, selon l'Église, celle qui intercède auprès de son fils pour lui demander de nous accorder des grâces.

Mais elle représente également à un niveau un peu différent, hors contexte religieux, plus abstrait pour certains, l'aspect féminin de l'énergie divine. Ce principe interagit avec nous comme le fait un maître de sagesse. Bien que pour un observateur cartésien, sa « présence » se réduise à une statue un peu surannée placée dans la caverne naturelle d'une falaise, elle est *là*, aussi proche de nous que le sont Amma et Mère Meera, deux grandes Mères spirituelles de ce temps, que l'on peut voir et toucher. Nous sommes guidés avec tendresse et rigueur, parfois avec exigence, et, bien souvent aussi, des signes ancrés dans le concret nous sont communiqués. Il arrive que ces signes interviennent lorsque nous sommes rentrés chez nous.

À nous de savoir les interpréter.

Alors je commençai ma journée. Je reçus mes patients.

Entre deux personnes, j'allais voir, et je montrai même cette énigme à certains. Rien ne changeait, ce qui en soi aussi était plus qu'anormal. Il y aurait dû y avoir de l'évaporation, car le soleil de juin faisait tout étinceler. Et puis, cette manière qu'avait l'eau d'être à la limite du possible, juste au point de déborder, mais sans que rien ne se passe... Comme si le temps s'était figé.

Je tournai en rond autour de ce phénomène incroyable pendant une demi-journée. Sans rien comprendre de ce qui, cela m'apparaissait avec de plus en plus d'évidence, signifiait réellement quelque chose, et m'était destiné.

Vers 13 heures, j'écoutai les infos.

Le premier mot que j'entendis, c'est « lavé ».

Je ne savais pas de quoi ils parlaient, mais je compris. Ce mot résonnait dans toute mon âme, avec la force d'une révélation. Mon corps frissonna. Je me mis à pleurer d'émotion. Je me précipitai sur la marche inondée, bouleversée.

La veille, après deux jours de communion délicieuse avec Marie, j'avais senti qu'elle me guidait sur la voie de la guérison d'une blessure majeure. Toute la matinée, pendant les heures passées dans l'exquise douceur du sanctuaire, j'avais vu ma vie se dérouler. J'en voyais clairement le schéma de souffrance, avec les effets et les causes, aidée en cela par le travail de psychothérapie entrepris avec un homme d'une grande bonté.

Arrivée au bout de mes forces, j'avais imploré Marie, demandé sa grâce en buvant aux fontaines l'eau de la source, imploré encore en regardant les eaux vertes du Gave s'écouler...

Et surtout, j'avais sangloté pendant l'immersion sacrée dans le bain : « S'il te plaît... lave-moi de mon passé. »

J'étais revenue à la grotte pour continuer mon introspection.

Subitement, je m'étais levée comme un automate du banc situé en face d'elle : elle m'appelait. J'étais allée m'agenouiller à ses pieds, sans plus rien demander, sans rien penser, sans prier. En ouverture totale, dans la profonde paix et le silence du lieu.

Un long moment s'était écoulé.

Je ne sais pas ce qu'il s'était passé.

La cloche avait sonné l'Ave Maria.

Je m'étais relevée.

J'étais dans une joie inconcevable.

Fabuleuse. *Miraculeuse.*

D'une très grande profondeur.

D'une sublime légèreté.

Je me sentais physiquement délivrée d'un poids énorme.

Elle vint en ce matin de juin déposer un signe sur la marche de ma chambre, sous les fleurs éclatantes du rosier, pour me le confirmer. Je le compris enfin : « Je t'ai lavée. »

Un quart d'heure plus tard, tout était sec.

Quelques pistes 2

Si l'on vous dit, lors d'une consultation avec un thérapeute ou d'une conversation avec quelqu'un de « sensible », que votre enfant, votre conjoint, votre parent ou votre ami décédé s'est réincarné, et qu'il vit à présent à l'autre bout du monde… pas de panique !

Tout d'abord, c'est peut-être une erreur. Les annonces de ce genre ne sont pas toujours exactes, j'en sais quelque chose.

Sinon, ne vous sentez pas abandonné, voire dépossédé : il est peut-être effectivement l'enfant d'une autre mère, il vit peut-être dans une nouvelle famille. Mais son *essence* peut toujours être contactée depuis les plans de l'après-vie. Vous n'êtes pas coupé de lui. La multidimension nous permet d'exister en de nombreuses expressions de nous-mêmes, *en même temps*. Son âme peut débuter un nouveau cycle sur Terre mais vous aurez la possibilité de contacter la part de lui que vous avez aimée, celle qui a été en lien avec vous, votre bébé, votre enfant, votre proche, et qui demeure. Il n'y a pas de coupure, car *tout existe de manière simultanée.* Votre aimé sera toujours « joignable ». Dans l'invisible, les êtres ne sont pas séparés.

Dans le même domaine, certaines femmes me confient leur tristesse, des années après avoir vécu une fausse couche ou un avortement, de ne pouvoir honorer la mémoire de l'enfant qui n'est pas venu, ou plutôt de ne pas pouvoir le joindre, car il leur a été dit qu'il s'est réincarné.

J'ai sur cette question un avis différent, qui rejoint ce que je viens d'écrire. Le temps ne compte pas, l'espace non plus. Où qu'ils soient, les âmes de ces petits êtres peuvent être contactées. Peut-être ne viendront-ils pas dans leur pleine présence, à tout le moins projetteront-ils un rayon de leur essence, et vous pourrez le ressentir, et parfois même le voir.

Un rituel tranquille, avec une bougie, des fleurs, de la musique et de l'encens, si vous le souhaitez. Et tout l'amour de votre cœur.

Parlez-lui. Écoutez-le. Même si longtemps après son départ, voici comment l'honorer, et libérer votre âme.

Et encore : il me semble extrêmement important de dire que les guides n'aiment pas nous voir souffrir trop longtemps d'une rupture, ou même d'un deuil. Un temps de douleur est évidemment légitime, mais ils nous invitent vivement à ne pas stagner indéfiniment dans notre affliction. Il nous faudra prendre en compte tôt ou tard les enseignements spirituels et comprendre que ce qui s'est vécu avait sa raison d'être. *Ne pas le faire est ne pas se respecter.* Ce comportement affaiblit notre âme, et, en ces temps de changement vibratoire, nous alourdit et nous empêche considérablement d'avancer.

Ce conseil un peu ferme s'applique d'ailleurs quel que soit le domaine dans lequel s'est établie notre souffrance, dès lors qu'une part de nous, sans que nous le reconnaissions, y trouve une forme de complaisance et la fait s'éterniser.

Ceci pourra être utile à ceux qui accompagnent des proches en fin de vie.

Il arrive que certaines personnes, ne se sentant pas prêtes au départ, absorbent l'énergie des bien portants, des animaux de la maison, ou des enfants. Ce processus, au niveau des âmes, relève du don. Il ne s'agit pas ici de « vampirisation » : même si ce n'est pas conscientisé, le donneur le fait volontairement au niveau spirituel. Mais cela ne doit pas devenir trop lourd pour lui.

Il est normal d'être fatigué, triste ou angoissé lorsque l'on aide au départ de quelqu'un, mais une sensation précise, qui consiste à se sentir comme vidé, aspiré de l'intérieur, ou trop habité en permanence par la situation, les pensées tournant sans répit autour de cette personne, peut indiquer qu'il serait bon de couper le lien énergétique. Pour un animal, chat ou chien, par exemple, ce seront des diarrhées ou de la constipation, de la toux, ou autres symptômes inhabituels.

Pour dégager les « donneurs », il sera bon de s'adresser à un thérapeute, mais il est possible d'agir soi-même. Il faudra, lors d'un rituel sacré (bougie, appel aux guides), demander à son guide de faire une *dérivation*. Il m'a été montré qu'ils peuvent couper le lien créé par le mourant et le raccorder, soit à un défunt de la famille qui vient se présenter, soit encore à un être de lumière. Cela n'accélérera pas le départ du mourant, qui se fera avec sérénité. Le lien avec l'être de l'invisible changera tout. La personne en chemin sera accompagnée avec douceur de l'autre côté du voile.

Très différent, et très important, un conseil pour les thérapeutes : *ne doutez pas de vos perceptions !* La vigilance et le discernement sont nécessaires et justes, bien sûr, mais ne remettez pas systématiquement en question ce que vous entendez, voyez ou ressentez. Ce manque de confiance porte dans bien des cas la marque d'un désir de perfection inapproprié.

Reconnaissez qui vous êtes.

Pour terminer ce florilège de réflexions par une note plus joyeuse, petit message des guides transmis par une participante à l'un de mes ateliers : « Les âmes qui cherchent finissent toujours par trouver. »

Iguaçu

La mère d'une petite fille que j'avais soignée après sa troisième opération d'une masse tumorale au cerveau me raconta ceci, un an après: «Pendant le soin j'avais eu une vision très nette de majestueuses chutes d'eau, ce qui, avais-je souligné, était pour moi la validation qu'un intense travail de nettoyage était en train de s'accomplir. En effet, en l'absence de messages précis, certaines visions symboliques nous donnent une orientation sur la nature du travail en cours lors d'un soin.»

Elle me rappela que j'avais insisté sur le fait que les guides de la petite me montraient les chutes d'Iguaçu. J'avais répété à plusieurs reprises: « Pas Niagara, Iguaçu. Les chutes d'Iguaçu! » Lorsqu'elle évoqua cette scène, je me la rappelai très clairement.

La mère et la fille m'avaient écoutée sans broncher.

Une fois rentrées chez elles, elles avaient pris « le livre du moment », celui que la petite fille préférait, et aimait lire souvent. Et découvert que le livre bien-aimé contenait une illustration de ce chef-d'œuvre de la nature, somptueuse frontière liquide entre Brésil et Argentine. Avec un sous-titre auquel elles n'avaient jusqu'alors pas prêté tellement attention : *Les Chutes d'Iguaçu.*

Merveilleux guides, merci pour vos clins d'œil...

Suicide

Une patiente m'écrivit à juste titre qu'elle n'avait rien trouvé dans mes livres concernant le suicide. Elle me demandait de lui écrire quelques mots sur ce sujet tabou afin qu'elle puisse rassurer une amie dans la peine.

En la lisant, je fus surprise d'avoir laissé de côté sans m'en rendre compte ce thème tellement douloureux, alors qu'il m'arrive régulièrement de recevoir des personnes aux prises avec cette situation. Je vais rattraper cette omission.

Tout d'abord, si le suicide est tellement difficile à supporter pour les proches, au point que dans certaines familles il peut être interdit de le dévoiler et constituera un secret de famille, c'est bien parce qu'il éveille inévitablement une immense culpabilité. Ceux qui restent sont dévastés de « n'avoir rien vu venir », ou de « n'avoir pas fait assez pour empêcher le passage à l'acte ». C'est un poids immense, qui, comme tout décès, mais en une part plus grande encore peut-être, nous confronte à l'insupportable. Le suicide d'un être cher nous consume, nous corrode.

Il nous détruit inexorablement. Surtout lorsqu'il s'agit d'un enfant.

Hors cas particulier, comme celui de l'adolescent submergé par la pulsion d'aller au-delà de ses propres limites, le suicide est l'outil utilisé par ceux qui ne supportent plus leur vie telle qu'elle est devenue. Ceux qui n'en peuvent plus. Ceux qui ont éprouvé malheur, tragédie, échec, solitude, ou bien harcèlement, déception, désillusion. Dépression. Qui sont dans un tel manque que rien ne peut les remplir ni les rassurer. Qui se sont coupés de l'amour résidant au plus profond de leur être.

Ceux qui pensent avoir tout essayé pour s'extraire de l'épreuve, mais que le désespoir a rattrapés. Ceux qui, n'ayant pas conscience qu'ils sont accompagnés à chaque instant par des êtres de l'invisible emplis d'amour et de compassion, n'arrivent plus à ouvrir la porte de leur cœur et leur ôtent ainsi la possibilité d'œuvrer à les aider. Tous ceux, en somme, qui pensent être face à un mur infranchissable et n'ont plus qu'une idée : fuir.

Fuir la souffrance. Tout arrêter.

Le suicide n'est pas la marque d'une faute grave, mais une *rupture du contrat avec soi-même*. Une rupture qui a fait oublier à la personne que la vie est sacrée, qu'elle est un cadeau précieux. Notre vie ne nous appartient pas. Elle nous est offerte.

Nous devons l'honorer.

On pourrait dire que ce qui sous-tend cet acte malheureux, c'est l'oubli. L'oubli que nous possédons la force de dépasser nos épreuves, puisqu'elles ont été programmées, et que notre programme, si lourd soit-il, est porteur d'une immense opportunité d'évolution. Il est certain qu'il existe des différences considérables entre quelqu'un mûrissant soigneusement son départ tellement il est désespéré, et le geste pulsionnel d'une personne débordée par ses émotions.

Qu'il soit bien clair que ce que j'écris a une visée informative. Ici encore, il n'est nulle question de jugement. Les personnes qui mettent un terme à leurs jours le font parce qu'elles sont brisées; peut-être aussi parce qu'elles manquaient d'un certain savoir, au sens d'un soutien, dans le domaine spirituel.

Voici le plus important, pour commencer: la vie est, par essence, immortelle. *La grande illusion est de croire qu'elle s'arrête parce que le corps n'est plus.* Cette fausse croyance est peu à peu en train de disparaître, mais cela prend du temps. Cette méconnaissance peut expliquer certains drames.

Ce que beaucoup ignorent encore, c'est que lorsqu'elle se retrouve de l'autre côté du voile, la personne qui s'est suicidée ne trouve pas la rémission tant espérée. Sa conscience est intacte.

En lieu et place du « néant » qu'elle pensait trouver, elle vit intensément, conjointement à la souffrance qu'elle a emportée avec elle, la sidération, l'affliction de ceux qu'elle a laissés et s'aperçoit des conséquences pour les autres de ce choix radical. De là où elle se trouve, elle acquiert peu à peu une vision de sa situation, plus large, plus lucide que lors de son vivant, et elle comprend bientôt qu'il existait des solutions qu'elle n'a pas su envisager dans sa douloureuse confusion. Elle se rend compte avec chagrin qu'elle n'a respecté ni la vie ni le corps qui lui avaient été confiés. Et qu'elle a fait du mal autour d'elle.

Alors, l'inutilité de son acte lui apparaît dans toute sa dimension. Elle ressent souvent énormément de regrets. De remords. C'est un moment difficile. Mais elle est seule à se juger. Dans les plans de l'après-vie, il n'y a ni sentence, ni sanction, ni condamnation autres que venant de nous-mêmes.

Elle a rompu son contrat. Elle comprend qu'elle devra revenir assez vite pour poursuivre ce qu'elle a fait cesser. Reprendre – sous une autre forme, mais ce sera la même leçon à dépasser – la problématique qu'elle avait refusée, dans l'exacte durée qui avait été programmée, mais qu'elle avait retranchée. Le temps n'existant pas, vu de l'au-delà ce n'est pas grave, finalement.

Mais sa souffrance est grande.

Ce poids l'empêche de poursuivre son chemin vers le plan auquel son âme appartient. Pour « remonter », elle doit s'alléger. Ses guides, avec toute leur tendresse, vont lui proposer leur aide, et dès qu'elle l'acceptera, ils pourront l'accompagner pour qu'elle se libère de cette charge de culpabilité.

Elle comprendra que l'âme s'enrichit de ses expériences douloureuses tout autant que des heureuses et que la guérison l'attend. Sa vie suivante sera une vie de réparation. Une vie de service, qui lui permettra de retrouver l'estime d'elle-même.

Il existe, comme je l'ai dit plus haut, de multiples niveaux dans ce que peut ressentir une personne ayant volontairement abrégé sa vie (du suicide prémédité à l'acte impulsif) et certains acquièrent rapidement la compréhension et le lâcher-prise leur permettant d'accepter les conséquences de leur acte. Leur souffrance en sera diminuée. Pour d'autres, cela demandera plus de temps.

Je le redis, les personnes qui mettent fin à leurs jours sont des âmes en détresse. Elles avaient oublié l'aspect sacré de leur présence sur Terre et se sont coupées d'elles-mêmes. Coupées de leur essence. Ces personnes ont un travail à accomplir. Elles doivent se retrouver. Se réunifier. Elles ont un immense besoin de soutien. Certains thérapeutes ont la capacité de se relier aux guides et d'être des ponts entre les morts et les vivants. Ils peuvent utiliser des rituels de libération qui purifient l'entrelacement des liens, abolissent les dettes mutuelles et allègent les uns et les autres, aidant ainsi ceux qui sont partis à s'élever vers les plans de lumière et ceux qui restent à poursuivre leur chemin sans porter la douleur. D'être le cœur en paix.

J'ai en mémoire des séances bouleversantes.

Chacun aussi, de son côté, celui de l'« ici-bas » peut accompagner son proche décédé. Contrairement à ce que nous font croire trop souvent notre sentiment d'impuissance et notre peine, nos prières, nos méditations, nos pensées d'amour sont infiniment agissantes.

Il me semble important de délivrer encore une information. Elle est destinée à ceux dont un proche vient de mourir et qui caressent le projet de le suivre (intentionnellement : je ne parle pas ici des gens qui meurent de chagrin). Les guides m'ont soufflé fermement l'avertissement de n'en rien faire ! Le suicide ne doit pas être une option. Nous portons en nous la force de surmonter nos épreuves. Si par désespoir, nous prenions la décision de rejoindre notre proche venant de décéder, *nous ne serions pas autorisé à le retrouver.* Nous serions dans des espaces différents. Dans des plans différents.

Je souhaite pour terminer ajouter quelques mots sur les contrats d'âme, car c'est une question qui se pose concernant les suicides. À ma connaissance, cela n'en fait pas partie. Personne ne vient en incarnation en ayant l'intention de l'interrompre *volontairement*, même si le risque existe. Le suicide est un acte personnel, pour cette raison il est infiniment douloureux à subir pour les autres. Mais les personnes concernées savent qu'ils traverseront ensemble des périodes difficiles et l'ont accepté. À la base de toute relation, c'est l'amour qui prévaut.

Comme pour toute souffrance, derrière l'acte tragique qu'est le suicide d'un proche, l'occasion nous est offerte de vivre un retournement. L'horreur et la violence peuvent se transmuter en cadeau. Accepter, lâcher la souffrance, lâcher l'ego et sa culpabilité lancinante, libérer l'autre permettent une ouverture de conscience, une ouverture à l'amour.

La vraie guérison vient du cœur.

C'est aussi la possibilité d'un retour à la joie.

La joie est ce que, comme nous le transmettent sans relâche les mediums, ou comme nous l'entendons nous-mêmes si nous avons des capacités de communication avec eux, nous souhaitent tellement ardemment ceux qui nous ont quittés.

Lakota

Lors d'un cercle de tambour auquel j'eus la joie de participer avec mes filles, un merveilleux voyage me fit rejoindre un homme que je savais être moi, par-delà l'espace et le temps.

Un Amérindien Lakota.

Assis en tailleur à la lisière d'une forêt surplombant une vallée, quelques plumes dans ses cheveux nattés et retenus par des lacets de cuir, cet homme silencieux contemplait le lointain. Son être empreint d'un calme puissant inspirait le respect.

Je le sentais absorber l'énergie de la rivière traversant la vallée, absorber avec bonheur l'énergie de la Mère-terre, celle des arbres, des nuages et du Père-ciel, absorber et redonner cette énergie première à toute l'humanité, dans un va et vient de conscience et d'amour.

Cet homme sage connaissait tout de la vie, de ses joies, de ses peines. La naissance, la mort, l'amour, la cruauté des combats, il en avait depuis bien longtemps « fait le tour ».

Il connaissait et acceptait toute chose.

Il goûtait chaque instant de sa communion avec la nature, la planète et le grand cosmos au-dessus de sa tête.

Il aimait tous ses frères humains.

Chacun d'entre nous porte en son cœur un tel être.

Entités

Voici un sujet qui me tient à cœur : les « entités ». Ces consciences de basse vibration –, à ne pas confondre avec leur exact contraire, les entités de lumière –, viennent dans certains cas (profonde fatigue, faille énergétique, etc.) nous parasiter. De nombreuses personnes m'affirment que des entités ont pris place en elles, qui les empêchent de vivre pleinement leur vie et les bloquent en tous domaines.

S'il est certain que ces situations existent, s'il est certain aussi qu'un travail de libération doit être alors effectué, je voudrais cependant préciser que bien souvent ces fameuses entités ne sont rien d'autre que nos propres pensées négatives, et que le travail à faire n'est pas de se laisser passivement enlever par un autre ce que nous avons le devoir de modifier par nous-mêmes.

Nous devons impérativement transformer, pacifier, transcender nos émotions et nos pensées de colère, de peur, de chagrin, nos jugements... ainsi que toute la liste habituelle. Sinon, nous nous empoisonnons nous-mêmes.

J'ajoute, et c'est l'angle que je souhaite aborder dans ces pages, que parfois nous nous faisons inoculer cette croyance par un thérapeute. Je voudrais attirer votre attention sur ce fait.

Après le médecin du chapitre « Communion », c'est au tour de mes « collègues de travail » de recevoir mes commentaires... Si je le fais, c'est bien parce que je constate trop souvent les dégâts que certaines erreurs induisent sur des personnes fragiles. Mon but, en écrivant ce livre, est de faire part de ce que je rencontre, pour responsabiliser. Par ailleurs, je ne me considère pas comme exempte de défauts ni à l'abri de l'ignorance, que cela soit clair.

De plus en plus, nos sens subtils se réveillent, et nombreux sont ceux qui quittent un travail qui leur déplaisait pour suivre des formations énergétiques dans le but de soigner leurs semblables. C'est une chose merveilleuse et il en est grand besoin. Mais l'expérience manque à certains de ces nouveaux thérapeutes (parfois pas si nouveaux, d'ailleurs, et c'est bien le problème). Ils n'ont qu'un accès partiel à la réalité invisible car ils ne « montent » pas assez haut en fréquence et ne comprennent pas ce qu'ils voient. Cela ne les empêche pas pour autant de donner leur version à leur patient...

Certaines erreurs peuvent également provenir de l'ego. Si le thérapeute dérape dans l'ivresse du pouvoir qu'il croit avoir sur l'autre – et cela peut arriver facilement – les guides ne lui délivreront aucun message important, et, même, dans les pires des cas, il pourra sans le savoir être manipulé par des consciences du moyen ou du bas astral. (Le patient dans ce cas a lui aussi un apprentissage à faire concernant l'abandon de son discernement et de son bon sens).

En assénant certaines annonces, ces « soignants » peuvent causer beaucoup de tort. Les personnes à qui l'on affirme qu'ils sont parasités par des entités le vivent mal, et c'est normal, car c'est très inquiétant. Même lorsque ce n'est pas vrai, elles sont déstabilisées, inquiètes, voire angoissées. Pour rien !

Mieux vaudrait ne pas faire d'effets d'annonces qui gonflent les ego *(je suis très fort, je vois des choses incroyables)* et ne pas risquer de nuire.

Je vais donner un exemple personnel.

Une amie m'avait donné les coordonnées d'un jeune thérapeute qu'elle trouvait très brillant. Je suis toujours heureuse de recevoir un soin donné par quelqu'un de confiance, et son enthousiasme et ses descriptions m'avaient convaincue d'essayer. Ce fut effectivement un beau moment, mais vers la fin de la séance, tout se gâta. Il prit soudain un ton de reproche et me dit assez durement que mon aura était envahie d'entités, qu'il n'en avait jamais vu une telle quantité, qu'il ne comprenait pas comment je pouvais travailler avec mes patients, etc. Mais que, heureusement, il avait pu tout enlever.

Je fus très surprise.

Non pas de la possibilité que ce qu'il me disait soit réel : j'ai déjà vécu une intrusion il y a longtemps, et jamais je ne l'ai oublié. Ce qui m'étonnait et me faisait douter de sa parole, c'était que je me sentais en très grande forme. J'étais très bien, sur tous les plans, physique, psychique, émotionnel et mental. Il n'y avait pas de faille en moi, ce qui peut m'arriver. Cela invalidait à mon sens la possibilité que des entités « négatives » m'environnent, car je sais combien l'on se sent mal, vidé, épuisé, triste, sans ressort, lorsque l'on est habité.

Je l'ai donc laissé dire, sans vraiment le croire puisque j'ai décidé il y a longtemps de me fier à mes ressentis plutôt qu'à ce que l'on m'annonce. Je n'ai pas toujours été ainsi. En d'autres temps, j'aurais été très perturbée par ces affirmations. Mais aujourd'hui c'est différent. Je ne me suis pas laissée emporter par la peur, je n'ai pas non plus dérapé dans la culpabilité due à son ton péremptoire.

J'aurais cependant aimé comprendre ce qu'il avait vu, que je ne ressentais pas. J'étais vraiment intriguée. Et perplexe.

La réponse vint la semaine qui suivit, au beau milieu d'une séance. Les maîtres me montrèrent soudain une véritable nuée m'entourant, comme un vol d'étourneaux au coucher du soleil. Alors je compris. C'étaient les fameuses entités !

Ces *entités* dans mon aura étaient loin d'être nuisibles. C'étaient des âmes errantes, les âmes d'êtres décédés n'ayant pas trouvé leur chemin vers l'au-delà. Elles venaient profiter du canal de lumière ouvert par le soin d'énergie pour s'envoler. Voyant comme un phare s'allumer dans le noir de leur nuit, elles se laissaient aspirer vers la libération.

Il s'était produit le même phénomène pendant le soin du jeune homme, mais il l'avait mal interprété. Croyant avoir affaire à des énergies négatives, il les avait chassées. Interdit à ces pauvres âmes perdues de retrouver le chemin de la maison...

Il en était tout fier.

Cela me fait penser à un mail reçu il y a quelque temps. Une dame me demandait un rendez-vous et me proposait de fonctionner sous la forme d'un échange : « Vous avez des entités. Je peux vous les enlever. » Eh bien, non merci, madame.

Cette expérience m'a beaucoup appris.

Je la raconte afin qu'elle soit utile à d'autres : une fois encore, ne croyez personne sur parole. Ne donnez jamais aveuglément votre pouvoir. Si l'on vous dit que vous avez des entités *mais que vous vous sentez bien*, il y a peut-être une bonne raison à cela, que votre thérapeute ne comprend pas.

Tant de choses nous échappent dans ces domaines de l'invisible... Nous avons tous tellement à apprendre. *Comme dans tout métier*, personne n'est infaillible à cent pour cent. À nous (thérapeute et consultant) d'exercer notre discernement.

Reliez-vous au plus profond de votre être. Je vous l'assure, même si vous pensez ne pas pouvoir y arriver, vous vous trompez : depuis que vous êtes nés, vous savez le faire ! Vous pouvez aussi demander à vos guides de vous aider. De vous diriger vers la bonne personne, ou de vous éclairer si vous êtes incertains. Ils sont toujours ravis de nous apporter leur soutien.

Joie

Une odeur d'encens respirée en passant dans la rue.

En une seconde bénie, je suis en Inde.

La vibration sacrée du temple, la lumière des jardins, ce parfum de l'encens, la couleur éclatante des saris, la joie des enfants.

Les sourires.

La *Présence*...

L'omniprésence du maître, qui transcende l'espace, vague d'amour pur qui déchire le cœur, voluptueux spasme de l'âme, fleur de feu qui explose, lumière de l'aube des temps...

Avoir goûté la paix qui règne dans ce havre de bonheur, allégorie d'un prochain millénaire, toutes populations, couleurs, cultures, religions confondues; avoir ressenti l'acceptation de chacun par le Père/Mère, amour matrice initial...

Comment vivre, revenus dans nos cités?

Comment faire?

À nous de retrouver l'étincelle, de nous recaler dans cette vibration unique, à nous de retrouver ce qui paraît si simple dans la demeure de paix : l'acceptation entière de l'autre, la claire conscience qu'il est parcelle de nous-mêmes car parcelle du divin. À nous de redistribuer ce qui nous fut donné.

Transformer la nostalgie soudaine en joie d'avoir reçu.

Savoir aimer. Très simplement.

Stroboscopie

Autoroute A6. Un après-midi d'août, il y a quelques années.

Je venais d'accompagner ma sœur Claire à la gare de Lyon, et je repartais, dans sa voiture, pour une semaine toute seule dans sa maison de campagne.

Un sentiment très doux m'habitait. L'harmonie régnait dans ma vie. Mes filles allaient bien, ma famille allait bien, mon métier me passionnait toujours autant, et j'étais en vacances. Je goûtais à l'avance ces quelques jours de retraite solitaire sous les grands arbres, pleine de gratitude envers ma sœur, envers la vie, envers le beau temps et la lumière d'été qui faisait vibrer les champs.

Ce moment de bonheur appelait une communion musicale, et bien que préférant habituellement la conduite en silence et l'état méditatif qu'elle induit rapidement, j'allumai la radio. Ce simple geste fut la source d'une expérience ontologique puissante, de celles qui marquent profondément la psyché. De celles qui ne peuvent s'oublier. Une petite madeleine de Proust auditive.

Quelques accords de guitare. Une voix cassée, un peu tragique. Et l'enchantement survint... Ce son invraisemblable qui prenait aux tripes, au cœur, à l'âme, et me ramena brutalement à ma jeunesse : *Babe I'm Gonna Leave You*, de *Led Zeppelin* ! Quelle joie inattendue, inespérée ! Cela faisait si longtemps que je n'avais entendu ni ce morceau ni ce groupe qui m'avait envoûtée des années durant.

Je poussai le volume à fond, le cœur battant, et me mis à chanter à tue-tête.

Le passé se substitua au présent, il s'installa avec puissance, me submergea, et détruisit la trame du réel en prenant toute la place, avec une force qui leva en moi une violente émotion.

Je n'étais plus dans la voiture.

Pourtant, je prendrai conscience après l'expérience qu'un réflexe instinctif (ou un guide bienveillant) m'avait fait quitter la file de gauche pour me placer tout à droite et rouler prudemment.

Je n'étais plus dans la voiture, j'avais seize ans, j'étais dans le salon de mes parents, allongée sur la moquette au milieu des coussins, avec mes sœurs et mon copain de lycée – c'est lui qui m'avait offert le disque –, près de la chaîne hi-fi qui diffusait tout l'album pendant des heures, puisqu'il se trouvait toujours l'un de nous pour remettre le bras sur la platine. Nous avions tout le temps, toute la fin de journée, toute la nuit s'il le fallait, nos parents étaient en Bretagne pour le week-end, nous avions toute la liberté que nous souhaitions, et c'était grisant, car très inhabituel.

Je savourais de toutes les fibres de mon être la joie de revivre ce moment oublié, ce moment de jeunesse où la vie nous attend, où tout s'écrit en termes de « possible », où le meilleur est à venir. Ce moment où nous expérimentons une toute-puissance imaginée, où nous pensons que rien ne pourra nous arrêter…

C'est là, en cet instant, que quelque chose bascula.

Ainsi que cela se produit parfois lors d'un danger de mort, ma vie, soudain, défila devant moi. Je n'avais aucun contrôle sur ma conscience qui choisissait des moments, des situations, des éléments clés et me les présentait avec ce que je ressentis comme une parfaite neutralité. Il n'y avait pas vraiment d'intention révélée, de plan, de cause à effet démontré ni de compréhension ou de lien à tirer de cette succession presque stroboscopique d'images de ce qu'avait été ma vie. Rien de tout ça.

Rien de tout ça dans ce qui m'était montré, si ce n'est l'extrême rapidité avec laquelle tout s'était déroulé.

Fulgurance. La fulgurance d'une vie.

Une intense angoisse m'envahit : « Mais ça n'a duré qu'un instant !… »

J'avais fêté trois mois plus tôt mes soixante ans avec mes filles lors de quelques délicieuses journées à Marrakech, pendant lesquelles, comme à mon habitude, j'avais eu plus certainement l'impression d'en avoir vingt de moins ; c'était une impression tranquille, celle d'avoir encore tellement de temps devant moi que je n'avais pas pris garde à la longueur du chemin parcouru. Je fus heurtée de plein fouet.

Se développa alors une acrobatie intérieure me faisant vivre la compréhension cellulaire, la connaissance plutôt, que j'étais la jeune fille de seize ans *et* la femme d'aujourd'hui : il n'y avait aucun espace entre les deux. Pourtant, les aiguilles du temps extérieur avaient inexorablement tourné, me fixant aujourd'hui dans cet âge. « C'était si court !... Je n'ai rien vu passer !... »

Ce n'est pas que j'aie eu peur de mourir.

Il y a bien longtemps que je suis en paix avec l'idée de ma mort et de ce qui vient après. Mais comment dire le chagrin qui, telle l'eau d'un barrage, se déversa brutalement, comment décrire combien en cet instant je *compris* que j'étais presque au bout de la route ; que, du temps qui m'avait été imparti cette fois-ci, j'avais accompli la plus grande part et que ce qui me restait ne serait pas forcément empreint de la puissance joyeuse des jeunes années ?

Et surtout, comment parler de ce sentiment qui me dévasta, me brûla et m'épouvanta tout à la fois : « Je n'ai rien fait de ma vie ! » Conviction culpabilisante de m'être si souvent laissé porter avec insouciance et légèreté ou bien d'avoir laissé la souffrance prendre toute la place ; à tout le moins de n'avoir pas assez pris conscience du cadeau que représente une vie humaine, de n'avoir pas été assez attentive à ce qui demeure le grand mystère, la vraie joie : être en vie, justement.

Douloureux constat. Sentiment de gâchis absolu.

En harmonie avec ma détresse, Robert Plant criait, pleurait, hurlait sa souffrance. Sa voix emplissait la voiture, me labourait le ventre, me pénétrait jusqu'au fin fond de l'être. La musique, profondément troublante, chargée d'autant d'intensité et de puissance qu'au jour où elle fut créée, devenue trait d'union entre deux âges de ma vie, m'engloutit. J'étais en larmes et dus faire attention pour conduire.

Comme un étau qui m'enserrait, je ressentais ma totale impuissance : « Je n'avais pas compris que cela passerait si vite... C'est trop tard... Je ne peux pas revenir en arrière... Le néant : c'est ce qui résulte de toute ma vie... Une vie pour rien... C'est trop dommage... »

Volant à mon secours, ma conscience d'aujourd'hui revint en première place. Je me raisonnai, et fis défiler devant moi tous mes accomplissements, tout ce qui m'avait rendue fière, tout ce qui me faisait vivre habituellement en paix avec moi-même.

Mais cette parade intellectuelle ne me convainquait en rien. « C'est bien trop peu, je n'ai rien fait de si important... »

« J'ai gâché la chance qui m'a été donnée... »

« Tout est passé trop vite... »

La détresse était profonde. Le désespoir aussi.

Mes vieux démons étaient de retour : *je ne suis pas à la hauteur. On ne peut pas me faire confiance. J'ai tout raté.*

Un voile de douceur descendit lentement dans l'habitacle. Je ressentis avec soulagement qu'il (ou la présence derrière ce voile), allait pouvoir m'aider.

Un long moment d'ajustement se mit en place, c'était comme un travail alchimique dont je ne ressentais que la surface, qui affleurait sur ma peau. Je pensai avec amour à ma grand-mère qui m'avait si souvent alertée – même si, peu concernée, je l'avais écoutée distraitement – sur ce phénomène de la rapidité extrême d'une vie, sur la nostalgie qui si souvent prend le cœur des personnes âgées et le teinte de regrets.

Mais je n'avais pas de regrets. Plus maintenant.

L'alchimie commençait à produire son effet.

D'ailleurs, je n'étais pas encore « âgée » !

Tous les petits enfants du monde placent une énergie considérable dans leur volonté de s'asseoir, d'avancer à quatre pattes, et d'apprendre à marcher. Eh bien nous, qui sommes dans le dernier tiers de nos vies, ce qui nous est demandé relève aussi d'un apprentissage universel. Non plus physique, mais de nature psychoémotionnelle. Et même spirituelle.

Faire un retour sur nous-mêmes, et accepter.

Accepter ce qui fut. Accepter ce qui est.

Vieillir est intéressant finalement, je m'en étais déjà fait la réflexion ces derniers temps. Avancer en âge nous fait passer par où nous le devons. Tous. Qui que nous soyons.

S'installa alors en moi un état de douceur infinie, et c'est là toute la puissance de ce moment unique, toute sa valeur d'enseignement, de transformation. D'initiation peut-être.

L'acceptation.

L'une des plus grandes leçons.

Après ce moment de vertige foudroyant, après le choc de la découverte de mon « échec de vie » et la remise en question qui venait de s'opérer, je revins à moi-même.

J'acceptai mon histoire, j'acceptai ce qu'elle avait été.

J'acceptai la vie que j'avais menée.

J'aimais être en vie, dans ce corps bienveillant qui m'accompagnait depuis tant d'années, j'aimais la personne que je suis car je savais que dans chaque circonstance j'avais fait comme je l'avais pu, avec les moyens dont je disposais, et que j'avais beaucoup aimé.

Plus tard dans le jardin, dans la lumière de fin de journée d'été, apaisée, je me rendis compte que je me sentais jeune comme jamais. Le futur ne me semblait pas être une longue descente vers la perte de mes capacités : l'avenir et l'inconnu qu'il recèle m'attiraient. J'attendais avec joie tout ce que j'avais encore à vivre, à accomplir, à apprendre. À transmettre.

J'avais vraiment envie de m'en délecter.

Je garde de ce moment exceptionnel la connaissance intime de la valeur de chacune de nos vies.

Nous sommes venus faire une nouvelle expérience, à nous de la goûter jusqu'au bout : chaque moment qui nous est donné, de notre naissance dans un corps tout neuf, jusqu'à rendre celui-ci à la Terre qui nous a nourris, portés, aimés, est à savourer.

J'ai le désir puissant de goûter le reste du chemin, de vivre avec bonheur le temps précieux de la vieillesse à venir et toute la sagesse qu'il contient, reliée aux espaces étoilés et à ceux qui les peuplent, avant de retourner paisiblement les rejoindre.

Puis de continuer ailleurs, sous une forme nouvelle, enrichie de tous mes acquis, dans une acceptation sereine du cycle sacré de la vie. Rien n'est jamais terminé.

Réconciliation

Quelques années se sont écoulées depuis cette expérience. Je mesure combien elle m'a marquée, me permettant de vivre et surtout d'établir en moi ce qui doit l'être pour aborder avec puissance ce « troisième tiers » de vie. Établir l'harmonie avec le temps qui passe, accepter pleinement ce qui ne peut être changé. Être. En paix.

J'ai rencontré il y a peu un très bel homme de mon âge que j'avais souvent croisé lorsque nous étions dans la trentaine – son fils fut élève de primaire avec l'une de mes filles. Son approche de l'avenir m'a glacée. En réponse à ma question tout à fait ordinaire : « Comment vas-tu, depuis toutes ces années ? », il soupira, et me dit d'un air très angoissé : « Comme quelqu'un à qui il reste moins longtemps à vivre qu'il n'a déjà vécu... »

Cette vision si négative, non pas fruit d'un flash de conscience ainsi que cela m'était arrivé, mais si installée en lui, si présente, reflète à quel point de déconnexion d'avec leur propre mort – vécue comme un drame alors qu'elle est transformation – nombre d'Occidentaux, hommes ou femmes, en sont arrivés.

Il y a beaucoup à soigner en ce monde pour restaurer la confiance en la magie du cycle de la vie. Pour renouer avec la richesse de notre nature profonde. Pour, comme l'écrit Audrey Fella dans l'introduction de son livre *Femmes chamanes* : « (...) retrouver sa juste place entre la Terre-mère et le Ciel-père, et plus largement au sein de l'univers. L'enjeu de cette réconciliation entre le corps, l'âme et l'esprit, le bas et le haut, la sensualité, la sexualité et la spiritualité, étant d'honorer le divin dans la matière et la Vie, où tout est sacré. »

Il est possible d'arriver à ce point d'unité. D'installer en nous l'harmonie. Pour la rendre durable, il est nécessaire d'ancrer avec bienveillance, en arrière-plan, la pensée de notre mort, non pas comme la fin de « qui nous sommes », comme le serait une disparition définitive et désolante, mais comme un changement d'état naturel, moteur d'évolution. La mort n'est pas la fin de notre être. Le comprendre est l'ultime guérison de nos peurs.

Mourir devient alors rentrer à la maison, pour un temps.

À toi

À toi, grande Mère.

Toi qui m'appelles de ta voix pure dans les sources de montagne où vibre ta présence,

Dans tes sanctuaires où s'écoulent les heures.

Au cœur de tes somptueuses cathédrales.

Dans le silence de tes chapelles.

Dans tous les lieux où tu règnes.

Toi qui m'accordes en abondance le don silencieux de ta grâce et de ta lumière.

Toi qui as déposé ton sourire en mon être.

À toi.

Hédoniste

« Les humains vivent une vie, rejoignent un entre-vies, puis ils se réincarnent et perdent la mémoire : ils ont tout oublié du passé. Ils croient que la vie dure soixante-dix, quatre-vingt, quatre-vingt-dix ans, sans se rendre compte que c'est un continuum qui remonte à des milliers de vies, voire à des millions d'années », explique William Bramley, auteur de *The Gods of Eden*.

C'est sur cette notion peu connue d'entre-vies, ou entre-deux vies, que je souhaite établir ce nouveau récit. Des informations convergentes de plus en plus nombreuses sont rapportées par ceux qui ont vécu des expériences de mort provisoire (NDE en anglais), ainsi que par ceux qui pratiquent une forme d'hypnose profonde, ou ceux, comme moi, à qui les guides en font communication durant certaines méditations, ou lors de séances.

Après la mort qui suivit notre vie précédente, c'est-à-dire après les retrouvailles bénies avec ceux qui étaient partis avant nous et qui nous ont accueillis dans l'amour, et avant notre naissance dans celle-ci, nous avons rejoint un espace/temps de réflexion dans lequel, aidés de notre guide, nous avons établi le bilan de nos actions, bonnes ou moins glorieuses, posées au cours de la vie venant de s'achever.

Puis, dans cet entre-deux vies, nos corps subtils ont reçu, s'il en était besoin, des soins à l'image de ce qu'il se passe pour notre corps dans nos hôpitaux. (Les maladies graves et les traitements de chimiothérapie, les antidouleurs comme la morphine, les addictions et toxicomanies ainsi que les accidents graves endommagent énormément le « corps subtil » que nous gardons dans l'invisible.)

Enfin – je résume à l'extrême mais il existe une florissante littérature disponible concernant ces sujets –, lorsque vient le temps de revenir en incarnation, nous sommes présentés à un conseil de Sages qui nous donnera orientation et conseils précieux pour que notre vie à venir rééquilibre ce que nous n'avions pas compris, pour apprendre de nouvelles leçons, ou pour donner le meilleur de nous-même à l'humanité.

À nous de suivre ces conseils bienveillants.

L'histoire qui suit montre à quel point nous pouvons être l'artisan de notre propre souffrance.

Un monsieur venant du sud de la France avait pour demande d'être « libéré de beaucoup de choses ». Il commença par me décrire ses nombreuses intolérances alimentaires, puis me parla de schémas répétitifs qui assombrissaient sa vie. Il m'expliqua que sa joie était enterrée quelque part, et que jamais il n'avait pu la déployer. Petit, il avait souvent eu des envies de pleurer subites. Ses parents n'avaient pas formé un couple heureux;

l'atmosphère était lourde à la maison. Ses mariages et unions avaient – sans surprise – été compliqués.

Je ne m'attendais pas aux informations qui me furent données, qui contrastaient tellement avec cet homme réservé et discret : je découvris qu'il était pris dans un système d'autopunition. Lors de sa vie précédente, il avait expérimenté les plaisirs au plus haut degré. Une vie de joie, à faire la fête, à être « bon vivant », à goûter à tout ce qui est bon, tout ce qui fait du bien, dans les domaines de la nourriture et de la chair. Un hédoniste, s'adonnant aux jouissances les plus vives !

Son parfait opposé.

Mais dans sa quête de délices, il avait complètement oublié la sphère spirituelle. Très contrarié de ce bilan lors de la revue de vie qui s'effectua après sa mort, il décida pour la prochaine d'en prendre le contrepied et de changer diamétralement. Pour se contraindre à évoluer, il prit le parti de bannir de cette nouvelle vie tout ce qui lui aurait rappelé qu'elle peut être bonne. Son enfance triste, les impossibilités alimentaires, ses relations avec les autres si décevantes et compliquées... Aucun souffle de gaieté. Chaque fois qu'il vivait un moment heureux, survenait un accident, une chute, une vive contrariété. Il s'était donné pour thème « l'interdit d'être heureux » : il avait parfaitement réussi. Alors bien sûr, il était triste, un peu effacé, nostalgique, et même s'il avait parfois des satisfactions, il souffrait beaucoup de ne pas pouvoir ressentir la vraie joie.

À sa grande surprise, ses guides lui révélèrent *qu'ils n'étaient pas à l'origine de ces difficultés*. Il avait de son propre chef décidé de ses choix : « Nous n'avions pas l'intention de t'orienter vers une vie difficile, car dans ton incarnation d'homme heureux tu avais beaucoup appris et beaucoup donné, contrairement à ce qu'il t'a semblé au moment du bilan d'après-vie ».

Ainsi, comme beaucoup d'entre nous, cet homme n'avait pas écouté les conseils pleins d'amour des guides de l'au-delà... Voulant n'en faire qu'à sa tête, il s'était imposé des souffrances injustifiées, inutiles, alors qu'il croyait rattraper ses débordements précédents et évoluer plus rapidement. La vérité est que le divin s'expérimente aussi à travers le corps et que « nous avons le droit » de vivre la joie et la légèreté.

Même dans les mondes spirituels, nous pouvons nous tromper si nous prenons seuls nos décisions, sans en référer à la sagesse de ceux qui nous accompagnent. Lorsque nous n'écoutons pas leurs conseils, les guides ne s'opposent pas à nos choix en raison de notre libre arbitre. De plus, ils savent qu'une leçon peut en découler. Nous avons l'éternité pour apprendre.

Cette vie de réparation douloureuse n'avait pas de raison d'être. Il en a cependant forcément retiré quelque chose d'utile, et s'il met en action les recommandations judicieuses qui lui furent données : « Maintenant sois léger, amuse-toi d'un rien, goûte chaque moment... », il aura réussi son incarnation.

Cet homme qui a un chemin spirituel pouvait entendre tout ceci. Je le voyais se relâcher au fil des mots transmis. Il se « regonflait » énergétiquement et c'était bon à voir. Nous avons passé la séance dans l'énergie de joie et d'humour de ses guides, qui lui suggéraient avec force de *s'y mettre*. Ce fut une séance agréable dans laquelle le rire fut très présent.

Lorsqu'il me fit son chèque, je lus qu'il habitait une rue dont le nom était en lien avec les enfants. « Retrouvez une âme d'enfant » lui dis-je, ravie de ma découverte, en le raccompagnant à la porte, « Et faites un effort pour vos guides, vous ne deviez pas être très marrant ! » Ce qui nous fit bien rire, une dernière fois.

Je raconte ce chemin de vie car, sous de nombreux aspects différents, cette configuration se présente régulièrement en séance : petits enfants têtus que nous sommes, nous ferions mieux d'écouter ceux qui savent et ne demandent qu'à nous aider. Puisse ce conseil s'inscrire au cœur de notre être, pour qu'il puisse resurgir à bon escient lorsque viendra l'heure du choix de notre prochaine expérience dans notre temps d'entre-deux vies, et nous éviter de douloureuses errances !

Nous pouvons par ailleurs décider de le mettre en pratique dès à présent, en posant des questions à nos guides et en faisant silence pour entendre les réponses, en observant les synchronicités que la vie nous offre, en écoutant notre intuition, et en suivant notre inspiration, toutes choses étant leurs cadeaux.

Haut potentiel

En avril 2020, je fis un soin à distance à un jeune garçon, dont la mère m'avait dit qu'il souffrait d'une difficulté d'incarnation.

« Il n'est pas vraiment dans son corps, il a des difficultés d'apprentissage dues à la dyslexie et à des troubles de l'attention. Il a aussi une incapacité à savoir ce qu'il ressent au plan des émotions et des sensations. Son quotidien est une véritable lutte, beaucoup d'incompréhension, de conflits et de résistances de sa part. » Malgré ce tableau, il avait été diagnostiqué « limite haut potentiel ». L'enfant que je voyais sur l'écran de mon ordinateur – puisque nous communiquions par Skype – ressemblait à un bel ange blond. Je ressentais le lien profond qui l'unissait à sa mère.

En premier lieu, je conseillai à celle-ci de contacter une thérapeute spécialiste de ces enfants particuliers, si sensibles, dont j'aime l'ouverture de cœur, pour bénéficier d'informations précieuses pour son fils.

Lorsque débuta le soin, je fus mise en résonance avec une immense nostalgie, un sentiment très fort de solitude, d'isolation me précisa-t-on. Nostalgie des plans divins, si cruelle. Plus que tout, je ressentis en lui une déception profonde, assortie de colère. Déception de ce monde.

Déception de cette humanité dont les vibrations s'alourdissent depuis qu'il est né. Sa conscience d'enfant ne pouvait l'expliquer très clairement, mais pour lui, tout au fond, rien n'avait de sens. Il en était constamment heurté. Il vivait de surcroît un sentiment d'impuissance. Impossibilité à mettre en œuvre ce qui l'avait fait « descendre ». Cet enfant si intelligent et ultrasensible vivait une vraie détresse. C'est elle qui provoquait les symptômes d'inadaptation.

Il faut comprendre que ces enfants haut potentiel viennent de sphères vibratoires plus élevées que la nôtre. Ils ne sont pas simplement plus intelligents, la différence est grande, elle ne provient pas du mental : ils « vibrent » beaucoup plus haut. Ils portent en eux la mémoire de dimensions d'intelligence et d'amour où la norme est la paix. Le respect.

Ces enfants, venus avec pour projet d'âme l'activation du nouveau monde, se sentent très seuls et ils souffrent. Il leur est demandé de *s'adapter* à notre monde... mais comment peuvent-ils faire alors que celui-ci leur semble tellement froid, limité, égoïste ? Ne serait-ce pas plutôt à nous de faire des efforts ? C'est ce que font de nombreux parents et enseignants, mais certains, débordés, ou ne les comprenant pas car ils ignorent leur fonctionnement, passent à côté. Il est important de voir la grandeur de leur âme derrière leurs comportements, pour qu'elle puisse s'épanouir.

En poursuivant le soin, je vis quelque chose qui corrobore ce que je viens d'écrire, quelque chose d'absolument magnifique, qui ne m'avait jamais été montré jusqu'alors : dans son corps énergétique, tout un réseau de filaments dorés, emmêlés, entortillés comme ceux d'une pelote de laine oubliée. Jamais je n'avais vu un tel réseau, dont on me dit qu'il était constitué de canaux spirituels.

Limite haut potentiel ? Telle était possiblement l'explication de la limite. Tout était enchevêtré. Il fallait démêler. Ce que je fis.

Le réseau de fils d'or se déroula, se déploya, et prit tranquillement toute sa place. Comme une respiration se libère, une intense lumière s'alluma, débordant tout son corps.

Une énergie sublime. Une vibration très haute qui me toucha au cœur. Sans que je le décide, sa puissance me fit joindre les mains, et me prosterner.

Me prosterner en silence, assise devant un tapis vide, à six cents kilomètres de distance, dans la salle de yoga de ma sœur chez qui j'étais confinée.

Érable

J'ai vécu quatorze ans au rez-de-chaussée d'une maison, dans le XVe arrondissement de Paris, au fond d'une cour qui devint très verte avec les années. J'adorais m'occuper des plantes dont j'avais orné la terrasse, tailler régulièrement le peuplier pleureur, la haie, et soigner le petit rosier Ronsard que je trouvai en arrivant. Il développa une croissance très rapide, qui me permit de le faire grimper le long de la gouttière et de le laisser se déployer sur le mur de ma chambre. Tous les ans en mai et juin, une floraison extraordinaire de roses anciennes couvrait la façade.

Une merveille !

Mais ce dont je souhaite parler ici plus particulièrement, c'est d'un arbre. À mon arrivée, toute la rue était plantée d'érables assez jeunes. Au fil du temps, ils grandirent, et leur ombre, les mois d'été, rendait la rue agréable.

Je ne saurais donner une date précise, mais quelques années après mon arrivée je remarquai que l'arbre juste en face de la porte d'entrée de mon immeuble était légèrement différent des autres. Un peu plus « étoffé », peut-être. Rien de vraiment significatif, mais quand même...

Dix ans plus tard, c'était impressionnant : cet arbre était beaucoup plus développé que les autres. Plus grand, avec une ramure plus déployée, un feuillage plus abondant, des feuilles rutilantes de santé, un tronc plus massif, il se démarquait vraiment de ses voisins. Lorsque j'allais me promener sur le quai de la Seine, tout au bout de la rue, j'examinais parfois si ce phénomène s'observait chez d'autres arbres. Mais ce n'était pas le cas, lui seul montrait cette vitalité décuplée. Au point que certaines personnes m'en faisaient la remarque.

Oui, c'était très étonnant.

Mais pas tellement, finalement, si l'on considère ce qui finit par m'apparaître comme une évidence : ce bel arbre recevait plusieurs fois par jour des douches d'énergie, cadeaux reçus en séance par tous ceux qui sortaient de chez moi !

Avec grâce, il la redistribuait aux passants.

Promotion 1

C'est la fin d'une séance à distance. Encore une de ces séances qui font mal. Un fils mort deux ans auparavant dans un accident de la route, et sa mère qui ne peut pas s'en relever.

La seule chose que je puisse faire, c'est canaliser une énergie de douceur, de compassion, de consolation.

Vers la fin du soin, je demande s'il serait possible d'avoir un message de Léo. Des phrases me viennent, je sens sa présence me visiter. Des frissons dans tout le corps. C'est bien lui.

« Ma mère était ma sœur dans notre vie d'avant. Je l'ai choisie pour mère, car je savais qu'elle allait m'aider. »

Je ressens un amour intense entre les deux, une lumière chaude qui s'installe, et surtout une complicité particulière.

Oui, comme un frère et sa sœur.

« Elle ne doit plus être triste, car ce qui m'est arrivé était prévu de longue date. J'avais un temps assez court à faire cette fois-ci. Je les aide mieux (sa mère, sa sœur et son père) de là où je suis. C'était prévu ainsi. »

Et puis cette annonce incroyable, avec une note très joyeuse dans la voix : « Je suis passé guide ! J'ai eu une promotion ! »

Promotion 2

Et voilà. D'une séance pas facile à faire, qui me serrait le ventre tant la souffrance était vive, jaillit une belle information.

L'au-delà comportant de nombreux niveaux hiérarchiques de sagesse et de connaissance, il est parfois difficile de s'y retrouver. Je vais donner quelques explications de base.

Nous sommes accompagnés par plusieurs personnes de l'invisible, selon ce que nous vivons. Notre guide d'incarnation, un ou plusieurs membres de notre famille d'âmes venant nous soutenir lors de moments critiques, un ou plusieurs membres de notre famille humaine décédés; parfois aussi par des êtres d'autres mondes. Ce qui nous permet de bénéficier d'une magnifique polyphonie de guides.

En séance, avec en plus la compagnie des guides thérapeutes, il m'arrive de voir ou ressentir que la pièce est pleine de monde!

Nos proches, lorsqu'ils nous quittent, reviennent souvent rapidement près de nous, nous accompagnent et nous donnent leur amour. Parfois, nous ressentons leur présence. Il nous arrive même, si nous sommes assez ouverts, de reconnaître les signes qu'ils nous adressent dans leur souci bienveillant de nous assurer qu'ils vont bien et sont encore là, tout près.

Parfois, ce n'est pas le cas. Soit parce que nous ne croyons pas que cela puisse se produire, ce qui nous empêche de prendre conscience de cette présence, et par-là même, toute connexion ; soit parce que l'on a peur, ce qui a pour conséquence de nous empêcher de reconnaître leurs tentatives de manifestation ; soit encore parce que notre désir est si fort qu'il passe en avant-plan et empêche notre sensibilité de fleurir.

Peu importent les raisons, il y en a mille.

Pourtant ils sont bien là, nous visitent, nous consolent, nous aiment de tout leur cœur. Ce sont de brèves visites ou bien de longs séjours qu'ils peuvent nous accorder, cela dépend des autorisations et de nos plans d'âme. Car ils sont souvent appelés à poursuivre leur chemin personnel et ne peuvent pas toujours rester indéfiniment à nos côtés. Ils n'ont pas forcément acquis une profonde sagesse sous prétexte qu'ils sont de l'autre côté du voile, contrairement à nos guides d'incarnation.

Un guide d'incarnation est un être plus évolué que nous en ce sens qu'il a définitivement achevé son cycle terrestre. Il ne se réincarnera plus et poursuivra son évolution dans l'invisible. (Il semblerait cependant qu'en raison de la difficulté des temps actuels, certains soient autorisés à revenir, pour aider.) Au contraire des anges ou d'autres entités spirituelles, il a vécu un très grand nombre de vies sur Terre, et rien de ce qui est humain ne lui est étranger.

Sa sensibilité s'accorde à la nôtre, il a souvent vécu le même type d'expériences et d'épreuves que les nôtres, au point qu'il nous comprend sans aucune difficulté. C'est pour cette raison précise que le duo fut formé entre lui et nous. Il nous aide en cela que sa vision est plus large de là où il est que la nôtre ici-bas. Du fait de sa longue expérience de la vie sur Terre, il maîtrise toute la gamme psychoémotionnelle que l'on peut y éprouver ; il lui a donc été confié pour mission de s'occuper de nous, de nous inspirer, nous protéger, et comme son nom l'indique, nous guider dans notre vie compliquée d'être humain.

Certains pensent qu'il peut être remplacé, dans le cas où nous aurions beaucoup progressé, par un autre guide mieux adapté à notre nouvelle vibration.

Léo, le jeune homme venu laisser un message à sa mère, considérait qu'il avait reçu une promotion en « passant guide ». Il ne m'a pas été précisé s'il était devenu guide d'incarnation, mais le seul fait d'être guide, c'est-à-dire d'escorter, même temporairement, un être du plan terrestre peut être considéré comme un avancement. Tous nos proches disparus ne le deviennent pas automatiquement.

Certains ressentent la présence continuelle de leur être cher, et communiquent avec lui journellement. Ils reçoivent des messages sous forme de signes : des chansons, des phrases écrites sur un camion, sur une affiche de métro, qui répondent à leur interrogation du moment, une bribe de conversation qui les éclaire, ainsi que des signes dans la matière : un objet déplacé, une lampe ou un téléviseur qui s'allume, un souffle sur le visage, ce genre de choses. Ils goûtent aussi un lien d'amour très puissant dans leur cœur, au point de moins souffrir de l'absence. Ils ont donc légitimement l'impression que leur aimé est devenu leur guide. Mais ce n'est pas toujours le cas, car celui-ci (ou celle-ci) peut être autorisé à rester en raison de l'amour partagé. Ce qui encore une fois n'en fait pas forcément un guide à proprement parler, car il lui manque l'expérience.

Une question m'est parfois posée : s'il existe une vraie différence entre notre guide et une personne aimée qui a fait le choix de rester par amour, mais sans avoir tout à fait la distance ni l'expérience nécessaires, celle-ci risque-t-elle de ralentir son évolution personnelle en ne regagnant pas les plans de lumière ?

La réponse est non, pour deux raisons.

La première, c'est que tout ce que l'on accomplit par amour nous élève. La seconde, c'est qu'en raison de la structure multidimensionnelle qui nous constitue, elle peut à la fois être à nos côtés, et vivre dans d'autres plans. J'en parlerai plus loin.

Et puis, elle aussi bénéficie de la sagesse et des conseils de notre guide d'incarnation, qui bien que beaucoup moins conscientisé – parfois il ne l'est pas du tout –, n'en est pas moins toujours à nos côtés. Notre guide supervise notre aimé, pour s'assurer que tout est bien. Celui-ci poursuit son chemin d'apprentissage, et continue d'apprendre. Sinon, cela ne serait pas autorisé.

Donc, tout est bien.

Bonheur

Une jolie séance, qui se déroule harmonieusement, dans le flux d'une énergie très douce, très aimante, je me sens en osmose avec ma patiente, j'aime faire ce travail, jamais je ne m'en lasse, pour chaque personne, c'est différent...

Je sors quelques instants de mon état d'enchantement, pour quelle raison, je n'en sais rien encore, mais voici que ma tête se lève et se tourne tranquillement vers le grand visage de Bouddha sculpté dans un panneau de bois, près du matelas de soin.

Son sourire bienheureux me transporte, et, nourrie de sa douceur, je referme les yeux et me plonge dans l'onde qui m'enveloppe.

En une danse souple, ma main droite se déplace sur le corps, elle se pose lentement, et, pour quelle raison, je ne sais toujours pas, ma tête à nouveau se tourne vers le Bouddha, mes yeux s'ouvrent encore.

Ce que je vois me sort de ma langueur.

Au coin de l'œil gauche de ce visage habituellement serein, empreint de délicatesse et de paix intérieure, perle une larme. Cette goutte de cristal coulant dans un moment si harmonieux le long du galbe de la grande joue de bois doré m'interroge.

La même larme perle au coin de l'œil de ma patiente.

Je pose la question à voix basse : « Que s'est-il passé ? »

« Je pleure de bonheur. Je viens de voir mon guide... »

Ne me demandez pas ça !

Lors d'une conférence, une participante me posa une question, de celles qui reviennent de temps en temps, reflet des interrogations légitimes concernant ma profession :

« Connaissez-vous vos limites ? »

Ma réponse fusa : « Bien sûr que je les connais ! Il m'arrive régulièrement de dire aux gens qui viennent me voir d'aller consulter un médecin, ou de voir un énergéticien plus apte que moi à la lecture des organes. Je n'ai pas, comme certains, la « vision rayons x » en permanence, et s'il arrive que cela survienne, c'est dans certains cas précis, lorsque les guides pensent qu'il est urgent que la personne consulte.

Parfois, je pense que c'est plus d'un psychothérapeute que de mes soins dont ils ont besoin, je le leur dis aussi. »

Je n'eus pas l'idée de quitter le cadre purement professionnel pour lui donner ma réponse. Quelques jours plus tard, je pris conscience que dans l'intime, mes limites, j'y avais été durement confrontée...

Tout d'abord, les derniers mois de la grossesse d'une de mes filles furent une épreuve pour elle et pour toute la famille. Après une menace d'accouchement à cinq mois, elle vécut trois mois et demi allongée sur son canapé, en proie à des contractions d'une violence extrême, qui la laissaient épuisée. Je ne vais pas m'appesantir, juste dire que mon angoisse profonde, ainsi que l'écho, la résonance, l'osmose, pour une mère, avec le corps en souffrance de sa fille, qui me faisaient vivre pour une part sa douleur, même si j'essayais de les gérer, m'empêchaient de la soulager. Les douleurs s'apaisaient un peu, puis revenaient avant la fin du soin.

Je pense ici à cette phrase du livre de Gregory Mutombo, *La Symphonie des âmes*: « L'aide ne réside pas tant dans l'action d'apporter un concours tangible ou matériel à autrui que dans la vibration que l'on émane à son contact. » Ma vibration devait être trop alourdie par l'angoisse pour que je puisse la secourir... L'ayant compris, je demandai à une amie thérapeute de me remplacer, ce qu'elle fit avec une générosité extrême, consacrant de nombreux dimanches à venir la soigner.

Terriblement angoissée pour ma fille et pour son bébé, je ne me sentis pas confrontée pour autant à mes limites de thérapeute. J'acceptais l'évidence: une mère, même si son métier est de soigner, n'est pas omnipotente, elle a ses faiblesses, on ne peut pas tout mélanger. Je sais qu'il est des obstétriciens qui ne mettent pas leurs enfants au monde, des chirurgiens qui n'opèrent pas leurs proches. Trop d'émotionnel ne convient pas à une pratique efficace. Une ravissante petite fille vint au monde, fraîche comme si rien ne s'était passé.

Un second passage difficile s'ensuivit, un mois après, concernant mon autre fille. Une gestation gémellaire qui, de façon cruelle, ne put se dérouler. Il fallut une interruption médicale de grossesse.

Et là, ce fut beaucoup trop dur.

Depuis la mort de ma petite Rose, et malgré tout le travail intérieur accompli au fil des années, il me reste une peur cellulaire, celle des drames pouvant concerner mes enfants. Je sais intimement que l'on peut basculer du bonheur à l'horreur, que l'on peut être fracassé pour toujours en l'espace d'un instant. Je conçus lors de cette catastrophe une perte de confiance en la vie, qui m'accompagna de longues, longues années. Puis je crus ce sentiment de « précarité » enfin estompé.

Il m'apparaît aujourd'hui qu'au fil du temps et de la guérison de mon cœur j'avais laissé une place en moi, superposée à cette peur, à une croyance immature, une croyance un peu magique de protection destinée à étouffer cette frayeur animale, une croyance m'assurant qu'ayant vécu l'horreur de la mort d'un enfant, je n'aurais pas à repasser par ce type d'épreuve. Que j'en serais exemptée à présent. Eh bien, je m'étais trompée.

J'en arrive à mes limites. Dans ces temps bousculés, je reçus le mail d'une amie perdue de vue pendant longtemps (mais qui était restée en lien avec mes filles). Elle m'informait que sa fille, après un nombre de FIV que je n'ai pas gardé en mémoire, vivait une grossesse très difficile, et risquait à chaque instant de perdre son bébé. Pourrais-je la soigner à distance ?

Un espace noir et oppressant s'ouvrit devant moi.

Je me rappelle que je restai en état de sidération pendant un long moment, ne pouvant penser, réfléchir, ou prendre une décision. Puis je pus réagir.

D'abord sur le mode de la colère, franche, envers *mes biens chers guides*. Je me mis à crier : « Pourquoi me demandez-vous ça ? C'est au-delà de mes forces ! Je ne peux pas ! »

Une vague d'impuissance et d'incompréhension me traversait.

« Pourquoi m'envoyez-vous des épreuves dans le domaine qui m'est le plus sensible : les enfants ? Je ne peux pas faire ça. Je ne suis pas une sainte ! C'est trop dur. *Je ne veux pas !* Ne me demandez pas ça ! »

Je me sentais prise dans un étau. C'était comme si on me demandait de trahir ma fille, de passer outre sa douleur en rendant réalisable pour une autre ce qu'il ne lui avait pas été permis d'accomplir. Cela m'était impossible.

Impossible.

Je me débattis avec mes émotions et ma conscience durant une demi-journée. Je ne voulais pas aider car il me semblait que c'était au-delà de mes forces. Je me rappelais la naissance des bébés de mes amies après la mort de Rose, et l'infernal parcours du combattant que cela avait représenté pour moi de les accepter. Je ne voulais pas qu'elle vive ce malheur supplémentaire.

Je mélangeais tout, en fait.

Ma propre vie, celle de ma fille. Le présent, le passé.

La victime, le sauveur. Quel chaos.

Comme chaque être humain avant qu'il ait pu franchir le stade de la non-souffrance, je laissai mon ego – mon corps de souffrance, justement, dirait Eckhart Tolle – me submerger. J'oubliai momentanément que les épreuves doivent être vécues, car elles nous permettent de nous dépasser pour mieux avancer. Et que si ma fille était confrontée à cette douloureuse expérience, c'était parce que, à un très haut niveau, celui de la pré-incarnation, elle l'avait accepté.

J'étais à des années-lumière de ces vérités pourtant bien connues et acceptées depuis des années : chacun sur la Terre n'est pas une individualité isolée ballottée comme un bateau à la merci des éléments déchaînés, mais bien *un être divin incarné relié à la Source*, un être venu dans la matière retrouver la pleine conscience de sa dimension originelle au travers d'expériences qu'il a consenti de vivre...

J'avais tout oublié.

Après de longues heures de cauchemar, quelque chose se modifia imperceptiblement en moi.

Je sentis une force implacable, sans affect aucun : la force de mes guides. Je sus que je ne pourrais ni continuer à m'effondrer, ni me soustraire à la demande d'aide. Ils attendaient beaucoup de moi. Bien qu'au fil du temps j'aie fini par comprendre que je disposais de ma liberté en tant que leur alliée sur Terre, je compris alors qu'elle n'existait que dans une mesure finalement relative. En tout état de cause, dans cette situation précise, ils ne me laisseraient pas le choix. La bataille intérieure faisait rage, même si je savais sans doute possible que je finirais par déposer les armes. Force neutre, puissance dont je sentais l'indicible marque du sacré. Même si avec les années je suis devenue si proche d'eux que je les considère comme « mes frères et sœurs de l'autre côté du voile », ils n'en demeurent pas moins ceux qui savent, qui ont un champ de vision très vaste en ce qui concerne le patient mais aussi la thérapeute et la femme que je suis. Ils sont les maîtres qui me guident, et j'aime cette appellation.

Malgré le violent combat dans lequel j'étais engluée, malgré ce déluge d'émotions basses, lourdes, de pensées étroites et mesquines dont je m'étais crue débarrassée, je ressentis dans mon cœur leur incommensurable bonté, et je compris – entravée comme je l'étais dans une impuissance et une révolte de petite fille, mon vocabulaire s'était adapté – qu'ils me demandaient cela, en plus de l'aide indispensable à la future maman, « pour mon bien ». Pour mon bien.

Oui. Évidemment.

Nous devons toujours donner le meilleur de nous-mêmes.

Cela ne me convenait pas mieux...

Et que se passerait-il en cas de désobéissance aux maîtres ? En cas de rébellion ? D'immaturité avérée ?

Je l'ignore. Mais une petite voix en moi – celle, régressive, de l'enfant qui se sent trahie, abandonnée, mais aussi tellement impuissante à faire valoir sa souffrance – étouffa cette tentative désespérée d'autonomie et me chuchota que ce serait très grave.

Je n'arrivais pas à m'extraire du bourbier.

Fort heureusement, après un temps que je ne peux apprécier mais qui me parut bien long... je repris place en moi-même. Celle de l'adulte qui fit le choix de soigner. Même si je n'ai prononcé aucun serment, une éthique très puissante habite ma conscience.

Je ne suis pas là pour choisir mes patients.

Je suis au service de l'énergie de soin.

Si les maîtres m'appellent, je me dois, par amour pour eux, de répondre.

Je sentais leur présence impérieuse, mais j'en goûtais à présent l'immense puissance d'amour, un amour qui transcenda mon petit moi humain et balaya mes désirs et mes peines, non alignés.

Je capitulai.

Mon cœur s'ouvrit largement. En réponse à cet amour, je fus enveloppée par une onde venue du plus profond de moi, de ces espaces inexplorés qui contiennent en leur sein nos plus belles ressources, et la possibilité de nous dépasser.

« Je vais aider cette petite, mettre mes sentiments personnels de côté. Et puis, surtout, je vais sortir de la confusion : *je ne trahis personne*. Je fais mon travail car c'est ce qui m'est demandé. » Toute émotivité fut balayée. Une intense lumière accompagna tout le soin. Je savais que cela allait marcher.

Durant ces jours où je continuais à la soigner à distance, j'oscillai entre le sentiment du devoir accompli, car je sais que dans ce travail nous sommes un instrument, que nous ne devons pas aller contre la volonté des plans supérieurs et que notre rôle est d'abdiquer la nôtre ; mais également, malgré ma compréhension et ma clarté d'esprit concernant ces fondamentaux, de la tristesse, l'impression encore et encore d'être déchirée : j'aide à la venue d'une âme sur la Terre, mais il ne m'a pas été permis d'agir pour celles qui venaient être les enfants jumeaux de ma fille...

Les mois passèrent, et, devant les bonnes nouvelles, ayant cessé mon action, j'avais un peu oublié cette demande compliquée, lorsque je fus informée. Le bébé était né.

Cela me ramena à la complexité de la situation.

Puis je reçus un SMS de la nouvelle grand-mère.

« Hello Agnès, hourrah, Ella est née il y a une semaine, un peu en avance. Grand merci pour ton aide. »

Cette lecture provoqua une réaction duelle. Tristesse réactivée, car ma fille aurait dû accoucher dans ces dates, et que ma partie humaine vulnérable est sensible à son chagrin. Joie, aussi, car toute naissance est un merveilleux cadeau. Et celle-ci démontre tellement la puissance déployée par la vie, lorsque *cela doit être*.

Il est des personnes que nous avons du mal à soigner.

C'est très rare, surtout dans cette intensité. Mais cela arrive, lorsque notre partie blessée se met au premier plan. L'unique moyen d'y parvenir est de recontacter d'urgence l'autre part de nous-même, la belle part, la part spirituelle, celle qui nous permet de nous relier à l'amour, à l'ouverture du cœur, à la générosité.

Paradoxalement, seule cette acrobatie douloureuse peut nous faire retrouver notre verticalité.

Paix

Quelque chose se passe.

Le petit Bouddha rapporté d'Inde rayonne.

Il est posé sur une table, et, dans un curieux effet de perspective, le bandeau et le plateau joliment ornementés de cette belle table d'époque Louis XV composent pour lui un socle surdimensionné, d'une grande majesté.

La table se trouve sous une fenêtre, et c'est soudain toute la beauté de la création qui entoure cette divinité : la nature provençale vibre, un peu sauvage dans cette partie laissée à l'abandon, les oiseaux se laissent flotter dans les courants légers.

Tout est aérien, éthéré.

L'immense pin parasol, en arrière-plan, offre au Bouddha sa protection, un peu comme le faisait le cobra Mucilinda, juste avant l'illumination.

Caressant la statuette, les rayons du soleil dans un ciel devenu blanc semblent provenir d'un autre plan.

Mais ce ne sont plus les rayons du soleil.

C'est à présent une énergie d'une plus haute nature.

Une énergie d'une immense pureté, canalisée par cette sublime entité, flamboie autour de lui.

Le mystère de sa paix irradie.

Tunnel

Lorsque nous sommes porteurs d'un symptôme physique invalidant, il peut s'écouler des années, parfois des décennies, sans que son origine en soit découverte. Ce qui a pour effet de maintenir le symptôme en activité tout ce temps, la fonction naturelle d'un symptôme étant de nous libérer d'une charge psychoémotionnelle non reconnue. Le principe premier de nos maladies réside dans notre psyché, cela est connu aujourd'hui. J'aime bien rappeler de temps à autre une chose simple : s'il s'agit d'un rhume, il est toujours intéressant de se demander ce que nous avons vécu en termes de stress, de contrariété ou de déconvenue dans les deux ou trois jours précédents. Le courant d'air froid n'était que le déclencheur « mécanique ». Une fois l'émotion découverte et le sens retrouvé, l'amélioration est très nette. Bien sûr, c'est plus facile dans le cas d'un rhume.

Certaines personnes, après avoir fait le tour des représentants de la médecine officielle, de la psychologie, et même de pratiques énergétiques efficaces, en sont toujours au même point. C'est très décourageant.

Je souhaite aborder de nouveau – je l'avais déjà fait dans mes livres précédents – l'impact de la mémoire profonde sur les pathologies, comme une piste extraordinairement efficace. Bien souvent, les maladies ou les troubles de la sphère psychoémotionnelle sont reliés à un évènement ancien ayant eu lieu dans l'enfance, à la naissance ou durant la gestation, si prodigues en évènements traumatiques. Mais il est un autre domaine qui recèle des trésors d'information et par là même de nombreuses possibilités de guérison : celui du temps passé. De nos vies d'avant. Vies antérieures, est-il coutume de dire, bien que nous sachions aujourd'hui que tout coexiste dans un éternel présent. Il serait mieux de parler de *temps simultané*, et d'appréhender celles-ci comme des vies parallèles, ou des expériences ayant lieu en même temps, dans d'autres couloirs du temps. Les consciences évoluent et la « théorie » de la réincarnation – telle qu'elle était désignée il y a quelques années encore – est en train de faire son chemin. Hier, à la caisse d'un magasin, j'ai été amusée d'entendre le client devant moi dire avec humour qu'il serait peut-être bon en calcul mental dans sa prochaine vie… et de voir toute la queue en sourire.

En raison donc de l'aspect non pas linéaire mais circulaire du temps, de nombreuses dimensions s'interpénètrent les unes les autres, imprégnant notre vision actuelle d'éléments du passé (et même dans certains cas du futur) auxquels il nous est impossible de donner une explication rationnelle. Nous vivons sans le savoir au cœur d'un océan de conscience unifiée regorgeant de données « nous » concernant. Il est clair pour moi depuis plus de trente ans que l'explication d'une difficulté présente peut avoir sa source dans une autre strate temporelle, *celui d'un autre nous-même*. C'est bien là toute la difficulté.

Le travail sur soi classique ne permet pas dans la majorité des cas de remonter aussi loin, mais il est des techniques faisant appel à un état modifié de conscience, telles l'hypnose spirituelle, le rebirth ou la transe chamanique, par exemple, qui peuvent nous y amener. C'est aussi ce qui se produit dans mes séances, lorsque – et « lorsque » uniquement – les guides de la personne l'y autorisent. S'ils jugent qu'elle n'est pas prête et que la révélation des faits serait dangereuse, je n'y ai pas accès.

Je sais que je dois laisser venir l'information telle qu'elle est transmise, au rythme auquel elle est délivrée, et qu'il ne sert à rien d'être avide. Les maîtres sont ceux qui soignent ; nous, leur canal, devons recevoir, pas quémander. Car alors c'est notre mental et notre désir de bien faire (ou de contrôler) qui prévalent. En d'autres termes, notre ego.

Comme tout bon être humain, cela ne m'empêche pas de me faire ma petite idée avant la séance, en fonction du récit de mon patient et de l'expérience due à ma pratique, mais je précise toujours que je peux me tromper. Auquel cas, la correction sera apportée durant le soin.

Lors du premier confinement dû au coronavirus, j'ai donné quelques séances par Skype. Celle que je vais décrire eut lieu de cette façon, je n'ai pas eu la personne « sous la main », ce qui est mon mode préféré. Mais elle fut très fructueuse.

La demande de cette femme concernait des crises d'angoisse paralysante violentes, assorties de gêne respiratoire, parfois de malaise vagal, lors des méditations ou du travail sophrologique – occupations qu'elle cherchait à éviter –, mais aussi au moment de se coucher, bien plus compliqué. Elle avait eu des crises de panique en pratiquant le yin yoga. Traumatisée à l'idée d'accoucher de ses deux fils, les cours de préparation à la naissance avaient provoqué de gros malaises, dus à la peur de respirer. Elle me confia aussi qu'elle était claustrophobe, que l'idée du scanner lui donnait des malaises, et que le simple port du masque pour aller faire ses courses la veille avait failli la faire s'évanouir. Elle avait beaucoup lu, beaucoup cherché, mais rien trouvé pour la soulager.

Je lui demandai comment s'était passée sa propre naissance, car il me semblait que le tableau qu'elle décrivait pouvait évoquer un accouchement difficile, ce qu'elle confirma. Sa mère s'était évanouie trois fois pendant le travail.

Je lui expliquai – *ma petite idée d'avant la séance* – qu'il était vraisemblable que la cause de ses troubles soit imputable à sa naissance, mais que cette naissance avait pu constituer un élément de réveil d'un traumatisme plus ancien. Je lui dis que des crises d'asphyxie de patients avaient disparu après que j'ai eu accès à des vies antérieures porteuses d'un traumatisme de mort violente par étouffement. Je lui racontai que la première fois que cela s'était produit, c'était pour le premier compagnon de l'une de mes filles, lors d'un soin dans lequel avait été mise en lumière sa mort dans une vie précédente, ensevelie sous une tonne de pierres à cause d'un accident dans une carrière d'extraction de calcaire. À la fin, il m'avait pris la main en la portant sur son cœur et m'avait dit, les larmes aux yeux : « Tu m'as sauvé la vie ! »

Pour en revenir à cette dame, je ressentais en effet un poids considérable dans son corps d'énergie, qui me donnait la sensation très forte que sa naissance n'était pas seule responsable, mais avait bel et bien déclenché le rappel de quelque chose qui serait la racine première de son mal. Il fallait maintenant le valider par la séance, si ses guides étaient d'accord pour nous le confirmer.

Très rapidement après avoir commencé et m'être accordée avec ses énergies – la distance n'est en rien un handicap, c'est d'ailleurs avec ce mode que j'avais commencé il y a près de vingt-cinq ans –, je me retrouvai dans le noir.

Je compris tout de suite que ce n'était pas un noir de recherche de l'évènement, ou d'accommodation à ce qui allait suivre comme cela peut se produire, mais que j'étais dans le cœur du sujet. Ce noir était assorti d'une notion de vitesse. J'attendis quelques instants, laissant le travail se poursuivre à son rythme, ou plus précisément à celui de la psyché de ma patiente.

Puis la compréhension se fit : j'étais dans un tunnel. J'étais entrée en connexion avec un homme, un Chinois, qui se trouvait dans un train, au milieu d'un tunnel. La scène se déroulait en Chine, vers le début du XXe siècle. (Tous ces détails précis qui paraissent extravagants à qui ne connaît pas ce mode de communication nous semblent pourtant relever de l'évidence lorsque nous sommes en relation fine avec ce plan d'information.) J'étais, comme toujours dans ce cas, présente à deux niveaux. Observatrice de la situation, je ressentais (information vibratoire donnée par les guides) qu'un danger menaçait, mais une autre part de moi en osmose avec le passager chinois était tranquille, attendant la sortie du tunnel avec impassibilité, comme le font les voyageurs ne portant en eux aucun traumatisme.

Et voici ce qui arriva, qui expliquait le sentiment de menace : soudain, une collision frontale très violente se produisit, d'une brutalité terrifiante. Je me trouvais au cœur d'une catastrophe ferroviaire, au milieu d'un tunnel !

L'homme avec qui j'étais connectée (l'autre moi de cette femme) ne voyait rien puisqu'il faisait un noir total, mais il sentit un choc terrible le percuter en pleine poitrine. On me montra alors la scène qui donnait l'explication (dans ce contexte de thérapie nous avons la pleine vision, l'obscurité totale du train n'importait pas). Le passager d'en face avait été projeté très violemment contre lui, sa tête l'avait heurté au niveau du sternum, si brutalement que le choc avait provoqué ce que l'on appelle le coup du lapin. Il était mort sur le coup, contre sa poitrine.

L'homme « du passé » (ma patiente) en ressentit de l'horreur.

La scène suivante le montre de nouveau. Cette fois, il est dans le tunnel : il est sorti du train, en état de choc, il essaie de se diriger vers la sortie, mais le tunnel est très long et l'accident s'est produit au milieu. Là aussi, il fait complètement noir. Il erre, sans rien voir, dans une terreur profonde. Il se rend compte qu'il est incapable de courir, car il souffre d'une douleur terriblement violente. Le choc de la tête du passager sur sa poitrine lui a non seulement cassé des côtes, mais a aussi perforé un poumon.

C'est la panique, les gens crient dans l'obscurité totale, certains hurlent, le train a pris feu, il y a un incendie, beaucoup de fumée, ce monsieur finit par tomber et meurt, asphyxié.

Les images s'arrêtèrent.

L'information était donnée.

Je fis un soin de coupure du lien avec *l'autre moi* de cette dame, porteur de sa mémoire traumatique, puis effectuai un travail de réparation. De réunification, réintégration de cette part d'elle-même, une fois apaisée. Ensuite, je rallumai mon ordinateur et racontai à ma patiente ce qu'il m'avait été montré.

Elle me dit, et c'est tellement stimulant d'entendre les personnes nous donner des marques de concordance entre leurs symptômes invalidants et le récit de leurs expériences passées... qu'elle avait toujours eu très peur des tunnels et que c'était dans l'un d'eux qu'elle avait vécu sa première expérience de panique. Elle ajouta qu'elle avait peur des trains, et qu'elle redoutait toujours un accident précis : que son train en percute un autre, venant en face ! Toutes ces concordances, en plus des gênes respiratoires... Ce que l'on aurait pu cataloguer « d'irrationnel » prenait tout son sens.

Huit mois plus tard, elle m'écrivit qu'après la séance elle avait prié pour laisser repartir cet homme – autre part d'elle-même – en paix et qu'ensuite elle avait de nouveau pu respirer. L'oppression qui lui bloquait la poitrine depuis de si nombreuses années s'était envolée.

Voici un exemple parmi des centaines d'autres rencontrés au long de ma pratique, illustrant de manière claire le lien entre notre mémoire cellulaire et les phobies de notre présent, ainsi qu'un des moyens que notre psyché, aidée de nos guides, utilise pour se guérir. Il faut savoir également que les guérisons de ce type s'avèrent définitives. Il n'y a pas de retour en arrière, nous sommes « nettoyés ».

Incisives

De la même manière que dénigrer l'homéopathie n'est pas recevable au regard de ses résultats sur les bébés et sur les animaux – je pense d'ailleurs que ses détracteurs n'ont jamais dû essayer de l'utiliser sur leurs propres bébés ou sur leurs chats comme je le fis sur les miens avec succès pendant nombre d'années –, nier la réincarnation aujourd'hui n'est vraiment plus possible... Mais s'il faut encore des preuves de la survie de l'âme, incontournables sont celles passant par les soins aux enfants. Dans ces situations, les guérisons ne peuvent relever de l'effet placebo. Au moment où j'écris ces lignes, j'ai présents à l'esprit de nombreux exemples concernant les enfants.

En voici un. C'est l'histoire de Lucie, fille d'une de mes patientes. Cette petite fille de huit ans, vive, très charmante, avait un vrai problème. Elle souffrait de résorption radiculaire des incisives supérieures. Cela signifie en clair que leurs racines se résorbant, comme le nom l'indique, ses dents – définitives – n'avaient plus de soutien : elles bougeaient.

Selon le dentiste, dans ces cas-là il n'y a pas grand-chose à faire. Elles vont noircir, puis, sûrement, à force de se déchausser, finiront par tomber. Épouvantable pronostic. D'après mes souvenirs, il avait dit aussi qu'il ne serait pas possible, plus tard, de poser des implants, ce serait voué à l'échec.

Sa mère m'ayant demandé si je pouvais faire quelque chose, ma réponse fut celle, habituelle en ces circonstances, de dire que je ne savais pas, mais que je voulais bien tenter. Je n'avais jamais rencontré ce problème ; je ne savais d'ailleurs pas qu'une pathologie de ce genre existait.

Je fis un premier soin qui consista à renforcer la structure de la mâchoire. Je me rappelle que les guides de Lucie me firent énormément travailler sur l'ensemble de la boîte crânienne. Je voyais des espaces s'entrouvrir : pour soigner les racines de ses incisives, il me fallait donc faire pénétrer de l'énergie-lumière à travers les sutures. Je suis toujours passionnée d'observer le travail dans lequel je suis dirigée, si différent d'une fois à l'autre, si innovant... Je sentis qu'une action était en train de se produire, mais qu'il me faudrait continuer. Je proposai à la maman de poursuivre par des soins à distance, car elles habitaient loin.

Lorsque j'en refis un la semaine suivante, j'eus la surprise d'avoir une vision déplaisante, que je ne compris tout d'abord pas très bien : une bouche vraiment « pourrie » se manifestait devant moi. Puis un visage tragique. Je compris bientôt au fil des images se succédant qu'il s'agissait de celui d'une lépreuse, en un autre temps, celui du Moyen Âge.

J'entrai dans la vision et découvris un groupe un peu hagard, dans une léproserie. Tous les gens présents étaient atteints par ce fléau. L'atmosphère était lourde. Lourde de chagrin et de peur. Je ressentais très fort le confinement et l'exclusion. La honte, aussi. C'était très douloureux.

On me fit comprendre que ce visage rongé, cette bouche sans lèvres et sans dents que j'avais vue en gros plan avaient appartenus à la petite Lucie, dans une autre ligne du temps. Quelle tristesse !

La séance à distance consista dès lors à guérir ce passé dramatique, à guérir le cœur de cette femme meurtrie et à le pacifier définitivement. Les guides s'occupèrent de la Lucie « d'avant », qui reprit l'apparence d'une jeune femme en pleine santé, rayonnante, puis me firent comprendre que j'avais fini mon travail.

Quand je fis le récit de ce que j'avais découvert à sa mère, elle resta silencieuse quelques instants, tant la surprise était grande. Puis elle s'exclama : « Lucie dit toujours que les autres enfants la laissent de côté ! Et c'est vrai que parfois, elle a un peu tendance à se prendre à tort pour une victime ! »

En écho à l'exclusion, due à la maladie du passé qui vibrait encore dans ses cellules, la petite fille se sentait souvent rejetée par le groupe, pendant les récréations ; cette histoire avait du sens.

Ce qui en eut plus encore, ce fut la réaction du dentiste au rendez-vous suivant, plusieurs mois après cette séance. Son beau-père, qui l'avait amenée, entendit le dentiste s'agiter en auscultant Lucie, puis grommeler : « Ça ne devrait pas être comme ça ! Je n'ai même pas besoin de mettre de colle ! » Les incisives étaient bien plus solides dans les gencives.

Plus tard, comme pour confirmer sa guérison, Lucie reçut un coup de poing sur la bouche à l'école. Il n'y eut aucune répercussion sur les dents. Chaque fois, dans les mois qui suivirent, que je me connectais à elle, je ressentais sans doute possible que ses dents étaient redevenues *vivantes*. Trois ans plus tard, elles ne bougent toujours pas. Une radio récente indique que son état s'est stabilisé. La guérison est pérenne.

Alors qu'elle avait un problème grave, Lucie est aujourd'hui considérée comme normale. Elle doit seulement éviter la boxe ou le rugby, lui a dit le dentiste !

Mon mouvement naturel est d'accueillir les guérisons comme elles viennent et d'en être enchantée, simplement.

Mais souvent on me pose des questions.

Il me semble que l'une des explications – car toute pathologie est multifactorielle – concernant cette histoire incroyable est le comportement des enfants de l'école. Quelque chose s'était « rejoué » pour Lucie. Ainsi que je l'ai dit plus haut, le rejet de ses camarades d'école l'avait inconsciemment replongée dans cette épreuve de son passé de lépreuse.

Il y a d'ailleurs de grandes probabilités pour que sa propre attitude ait commencé ce rejet, qui serait le déclencheur de la cristallisation dans son corps d'aujourd'hui d'une mémoire traumatique. Le réveil. Ce qui l'amènerait à rencontrer quelqu'un pouvant guérir, au-delà de ses dents en détresse, ce douloureux souvenir encore actif en elle.

Ce mécanisme psychique – ou plutôt spirituel, puisque c'est de son âme qu'il s'agit – s'était installé pour que son être puisse en être libéré.

On pourrait penser que l'enfance est un territoire exempt des atteintes d'écho mémoriel. Mais ce n'est pas le cas, et pour les enfants aussi, ces remontées de souvenirs servent à pacifier leurs psychés douloureuses. Les temps exigent que nous nous libérions des chaînes qui nous entravent : nous ne devons plus être alourdis par nos expériences malheureuses du passé. Nous sommes tous appelés à nous laisser glisser dans le nouveau monde qui arrive, à l'énergie vibrante.

Les enfants eux aussi passent par la case nettoyage.

Malentendu

Voici à présent le récit d'une séance qui m'a beaucoup marquée. Elle eut lieu il y a quelques années. Depuis, j'avais régulièrement pensé au jeune garçon qui en fut le protagoniste, sans prendre vraiment le temps d'écrire à sa mère pour demander de ses nouvelles, étant prise par le flot d'activités.

C'était un pré-ado, Martin, proche encore de l'enfant, intelligent, ouvert, sympathique qui, aidé de sa mère, tint à me raconter lui-même son histoire et ses gros problèmes de santé.

Après deux épisodes lors desquels son bras avait « claqué », suivis de nombreux examens, il lui fut diagnostiqué un ostéosarcome fixé sur l'humérus ; l'ostéosarcome étant la tumeur maligne osseuse la plus fréquente chez les jeunes. Autrement dit, un cancer.

Il avait déjà subi de lourdes séances de chimiothérapie, et allait recevoir la dernière d'un cycle peu après notre séance. Puis, une concertation entre les médecins du

Grand Est était prévue concernant une opération (une amputation) sur place ou à Paris, suivie d'une nouvelle chimio. Le lendemain, il devait passer une IRM pour le contrôle de la tumeur. Il était vraiment pris dans le monde si difficile de la maladie.

J'étais touchée par son histoire, et surtout par son courage et sa dignité. J'espérais vraiment pouvoir l'aider.

Dès que je posai la main sur lui, je fus mise en présence d'une immense colère d'incarnation. Il n'avait pas voulu naître.

Bien que la maladie de Martin soit l'une des plus graves et des plus concrètes, elle était reliée au monde de l'entre-deux vies. Je souhaite faire part de ce témoignage car il est à mes yeux exemplaire, en raison du champ des possibles qu'il dévoile.

Avec surprise et un immense intérêt, car contacter ce « lieu » ne m'est pas si fréquent, je découvris une histoire d'imbroglio invraisemblable – mais peut-être plus courante que l'on ne l'imaginerait.

Dans sa vie passée, il avait été un savant. Nous sommes fragmentés en de multiples expressions de nous-mêmes, et lorsque nous nous réincarnons, une part de nous demeure dans le plan de l'entre-deux vies, *décolorée*, si je peux m'exprimer ainsi, de notre identité terrestre précédente. Dans ce cas particulier pourtant, ce savant s'était tellement identifié à son personnage qu'il n'avait pu se résoudre à le quitter. Il travaillait d'arrache-pied sur un projet scientifique ambitieux, destiné au bien de l'humanité. Lorsque ses guides lui indiquèrent qu'il était l'heure pour lui de se réincarner, il se mit en colère. Il n'était pas question pour lui d'abandonner ses travaux.

Il estimait qu'il devait continuer à s'y consacrer et que se « diviser » reviendrait à ôter de précieuses forces à son œuvre. Voilà qui explique la colère d'incarnation de Martin, en osmose avec celle de son autre moi, le vieux scientifique ! Il n'admettait pas non plus devoir partager avec d'autres – on lui indiquait une collaboration scientifique à venir – ce qu'il considérait comme lui appartenant en propre. En bref, ce fut compliqué.

Je pars toujours du principe que si les gens viennent chez moi, c'est qu'ils sont ouverts, mais ce que je découvrais me semblait un peu difficile à expliquer à un pré-adolescent. Alors je demandai l'assentiment de sa mère, et l'ayant obtenu, me lançai. Il n'eut aucun problème à entrevoir les enjeux en présence, même lorsque je lui exposai que son cancer faisait – pour une part – suite à la décision de cet autre lui-même de le faire remonter là-haut : le vieux savant avait décidé d'interrompre l'« expérience Martin » qui lui échappait pour se recentrer et replonger sans plus tarder dans son travail. Bien au contraire, le jeune garçon semblait le comprendre !

Ses guides lui firent valoir alors avec infiniment d'amour qu'ils comprenaient combien c'était difficile, mais qu'il n'était pas question de mourir en raison de la fureur d'un autre lui-même. Ils me firent part de ce qui, je l'espérais, allait réussir à le convaincre : « Tu es venu dans cette vie pour faire une découverte scientifique importante pour les humains. Alors tu dois guérir pour travailler, réussir au collège et dans tes études. Ne t'inquiète pas, ton projet est rattaché à celui de l'homme que tu es ailleurs. »

En même temps que je lui rapportais ces paroles consolantes, je voyais le vieux savant s'étouffer de colère à l'idée que ses travaux pourraient être poursuivis par Martin et non par lui-même. Pour lui, il y avait urgence à rapatrier cette part de lui qui n'avait rien à faire sur Terre et qui lui faisait perdre son temps. Aveuglé par l'importance de sa mission, il ne comprenait pas que Martin était le prolongement de lui-même, et qu'il était important que ses travaux soient – plus rapidement peut-être que ce qu'il avait escompté – descendus dans la matière. En synchronicité avec ce que je voyais, l'ado fit un bond sur le matelas de soin et, exprimant la peur du savant, s'exclama, furieux : « Mais ils vont me piquer mon idée ! » indiquant par là sa croyance que si Martin était actif et venait à collaborer avec d'autres, son travail à lui serait menacé. Incroyable connexion des deux parts de lui-même...

Il lui fut expliqué patiemment qu'il pourrait inspirer Martin de là où il était. Que de cette manière, il resterait le maître de son propre travail, qu'il ne serait pas écarté. Je compris qu'il serait même la principale source d'inspiration de Martin adulte, lors de ses travaux et de ses découvertes.

J'eus la sensation qu'il acceptait, et d'ailleurs Martin se calma. L'idée de devoir apporter sa contribution au monde lui plaisait.

Je crois me rappeler avoir reçu un mail de sa mère me disant que l'amputation avait été évitée. De temps à autre, je pensais à lui en espérant qu'il avait, tout au fond de son être, fait le choix de rester, et que la voix de son double ne lui parvenait plus – à tout le moins, que cet irascible personnage avait fini par s'apaiser. Qu'il ne lui était donc plus d'aucune utilité de vouloir « faire remonter » Martin.

Cette histoire me semble tellement instructive...

À aucun moment n'intervenait la notion d'injustice quant à la maladie. Ni celle de mauvaise hygiène de vie ou de drame émotionnel non guéri, non plus de génétique, ou de transgénérationnel, hypothèses si fréquemment évoquées. Ce n'était pas non plus à proprement parler une maladie karmique. *Il était seulement question d'un malentendu fâcheux entre deux « expressions » de la même âme.*

Lorsque, écrivant ce livre, je pris des nouvelles de Martin auprès de sa mère pour raconter son histoire si particulière, elle me répondit par ces mots qui m'enchantèrent : « J'ai fait part de votre demande à Martin qui m'a dit n'avoir gardé aucun souvenir *(de la séance)*, mais je pense que cela l'a apaisé et lui a donné du courage pour la suite de son traitement et de ses opérations car il en a eu trois du bras, dont une greffe d'os, et une des poumons. Aujourd'hui, il va très bien et le chirurgien qu'il a vu le 31 décembre lui a dit qu'il ne le reverrait que dans un an et qu'il pouvait arrêter les séances de kiné. »

Vézelay

Je n'étais pas très « reliques ».

L'idée de vénérer le doigt d'un saint ou son tibia dans un coffret précieux m'avait toujours dérangée. Voire donné envie de rire. Pour moi, cela faisait partie des dérives catholiques, j'en conviens.

Et puis je suis allée à Vézelay.

Lorsque nous sommes descendus dans la crypte, l'incroyable puissance énergétique qui y règne m'a saisie. Je me suis dirigée vers le centre, et je me suis assise au cœur de ce lieu sacré, plongeant très vite en état d'unité.

Paix profonde.

Fusion avec la Source.

Amour, à l'extrême de ce que notre corps peut supporter sans exploser.

Je me suis levée, j'ai fait demi-tour et j'ai gravi les quelques marches qui mènent au reliquaire de Marie-Madeleine.

J'ai dû m'agenouiller devant la grille.

Je suffoquais.

Une onde formidable m'enveloppait, me ramenant dans la lointaine Palestine, réveillant mes cellules, et les faisant brûler.

Retrouvailles.

C'est comme cela que ça s'appelle.

Je t'ai retrouvée.

Je suis restée de longues minutes, prostrée, sans pouvoir m'arrêter de sangloter. Sa présence et son amour étaient tels, si forts, si réels, que j'avais l'impression de pouvoir la toucher.

Me jeter dans ses bras, et y être serrée.

Sur des marches de pierre glacées, au cœur d'une crypte sombre, éclairée faiblement par la flamme des bougies, j'ai retrouvé celle, je l'avais jusqu'ici oublié, que j'avais tant aimée.

Petit peuple

En lisant *Caverne et cosmos*, de l'anthropologue Michael Harner, je découvris ce mot, *cognicentrisme* : « (...) C'est-à-dire la tendance à juger de l'authenticité des expériences d'autres personnes en état modifié de conscience sans avoir soi-même expérimenté ces états ». Je fus, et il m'arrive encore de l'être, jugée à l'aune de ce prisme, mais ce que je vais raconter montre bien que cette réaction si peu bienveillante n'en reste pas moins courante, et qu'il m'arriva de m'y prendre les pieds...

Un week-end de fin d'été à la campagne.

J'étais invitée à l'anniversaire de Natacha Calestrémé, journaliste et écrivaine bien connue. Depuis mon arrivée, tout était des plus agréables. Une fête vraiment réussie. Aussi, lorsqu'à la nuit tombée – une nuit sublime, car grâce à une absence totale de pollution lumineuse la voie lactée apparaissait dans sa plus pure splendeur – Natacha demanda à l'une des invitées de nous guider dans sa spécificité et de nous mettre en relation avec les êtres de la nature, je me réjouis.

Loan Miège allait nous expliquer comment communiquer avec ce petit peuple, que l'on appelle aussi les « élémentaux » : elfes, ondines, lutins, gnomes. C'est une connexion que j'établis difficilement, j'étais donc ravie à l'idée de voir des lutins comme le faisaient mes filles lorsqu'elles étaient petites, très impatientes aussi de vivre ce moment avec une experte et d'apprendre à me relier à eux.

Tout le monde se dirigea joyeusement au cœur du grand terrain, et forma un cercle. Nous étions entourés d'arbres, il faisait très sombre. Nous ne les verrions que mieux, nous expliqua-t-elle.

Je ne m'en aperçus pas immédiatement, mais un certain malaise s'empara insidieusement de moi. Peu à peu, des souvenirs montèrent, une vieille scène datant d'il y a presque vingt ans, quand, ouverte à tout le nouveau qui s'offrait à moi, je m'étais retrouvée dans une situation qui m'avait déplu. Une réunion nocturne de plein air où certains, détenteurs de capacités médiumniques, s'en étaient donné à cœur joie en racontant tout et n'importe quoi à des gens naïfs et exaltés. Un festival de l'ego... La déception qui s'en était suivie m'avait laissé un goût amer.

Je n'avais pas envie de revivre ces remises en question.

Je n'aimais pas l'état d'être qui s'installait en moi et gâchait le plaisir réel que je me faisais de l'expérience. Subitement, je basculai : je remis tout en cause à commencer par la possibilité même que ces fameux êtres de la nature puissent exister. J'entendais les voix accusatrices du jugement s'exaspérer en moi : « Tu ne vas quand même pas croire à ces délires d'attardés ! »

Je m'en voulais. J'étais en plein conflit intérieur et cela me pesait : je savais qu'une part de moi est sincèrement ouverte à ces réalités bien que n'y ayant que très rarement accès, tandis que l'autre, barricadée dans son cognicentrisme, sentait monter la colère. J'aurais voulu retrouver ma gaieté, mais je n'y arrivais pas. Heureusement, il faisait nuit noire, on ne devait pas trop voir mon expression.

La séance commença.

Loan nous expliqua comment nous installer dans un état psychique permettant la communication avec les lutins. Les gens étaient intéressés, surtout les jeunes qui posaient des questions pertinentes.

Dans le noir, la voix de Natacha nous invita à faire part de nos sensations et demanda à certains plus précisément de ne pas hésiter à transmettre les informations qu'ils capteraient. Elle cita mon prénom... Je me sentis mal. La sensation d'une imposture.

Une vague désagréable me submergea et je pensai : « Ah, ça, ce n'est certainement pas moi qui pourrai vous aider ! Je ne sens rien, je ne vois rien, et je suis bien sûre que pas un lutin ne va se montrer ! Comment pouvez-vous croire à tout ça ! »

Tout m'apparaissait comme une mascarade.

J'étais désolée de vivre ce moment, mais en même temps il me faisait bien comprendre ce que vivent ceux, si nombreux, qui sont coupés des autres mondes. C'était plutôt intéressant.

Loan nous dit que des petits êtres étaient déjà dans le cercle. Quelqu'un lui demanda si nous pourrions leur offrir des gâteaux. Elle répondit qu'ils seraient contents.

J'étais de plus en plus mal à l'aise.

Évidemment, mon état d'esprit relié à l'ancienne mauvaise expérience était tellement négatif que, ne croyant plus en rien, je trouvais tout ridicule. « Des gâteaux, maintenant ! N'importe quoi ! » J'avais fermé tous mes circuits de connexion.

Après un temps de blocage assez long, quelque chose en moi se mit pourtant à lâcher. L'énergie de la médium et du groupe qui commençait à se connecter produisit peu à peu un effet et je glissai dans une autre dimension, plus légère.

Je pris conscience que le week-end, en vallée de Chevreuse, je lui parlais, à ce petit peuple de la nature !

Je les vois très rarement, mais il m'arrive de me relier à eux et de leur expliquer que, communiquant étroitement tous les jours avec les guides et les êtres de lumière, à la fin de la semaine je suis fatiguée et dois reposer mon psychisme. N'étant pas habituée à leur vibration, cela me demande trop d'efforts de tenter de les voir, et je n'ai pas le courage de me concentrer.

Alors, au fond du jardin, je leur fais mes excuses en riant, et, tout en ressentant leur présence autour de moi, je leur demande de me guider télépathiquement pour que je ne fasse pas trop de bêtises en m'occupant des plantes.

Ces pensées m'ayant rassurée, il me fut plus facile de me joindre à ce que vivait le groupe. Contre toute attente, je ressentis soudain très fortement des présences à l'extérieur du cercle, juste derrière nos jambes, et je le dis tout haut, sans réfléchir. Le fait d'avoir parlé fit tomber mes résistances, et quand Loan nous dit de les laisser passer, je me poussai de bonne grâce. Elle nous expliqua qu'il nous fallait tendre les mains en avant pour ressentir un contact avec les petits êtres.

Ça, toucher, et ressentir avec mes mains, même à distance, je connaissais. Sans plus aucune réticence, je commençai à me centrer et à me relier.

Et le miracle eut lieu.

Dans la magie de la nuit je ressentis une présence, à environ un mètre de mes mains. Puis je vis se dessiner un être minuscule baigné de lumière blanche.

Tout pur, tout délicat.

Un peu plus petit qu'un nouveau-né, mais avec le corps fin et proportionné d'un enfant.

Debout au milieu du cercle, il me regardait, droit dans les yeux. Je n'entendais plus rien de la bonne humeur du groupe.

Il ne restait que le silence.

Un silence total, dans lequel allait se dérouler la rencontre.

Profondément émue, je m'agenouillai dans l'herbe et lui tendis les mains.

Les larmes aux yeux, je lui demandai d'excuser mon humeur de ce soir, d'excuser aussi de laisser ma fatigue du week-end m'empêcher de nouer un contact avec les siens. Je lui dis que je n'avais aucun doute quant au fait qu'ils existent et prennent soin de la nature. Je lui parlais avec douceur cependant qu'il s'approchait de moi au plus près et déposait tranquillement sa toute petite main dans la mienne. Comme pour arrêter le flot de mes paroles.

Ce contact si réel – la petitesse de la taille de sa main au creux de ma paume (la moitié de celle d'un nouveau-né), sa tiédeur – et surtout l'effet de surprise que je *la ressente physiquement,* que les dimensions différentes dans lesquelles nous évoluons l'un et l'autre se soient rejointes au point de permettre cet improbable contact charnel, produisirent en moi une sorte d'ébranlement intérieur. Mon cœur éclata d'amour.

J'étais si bouleversée que je le remerciai encore de s'être montré à moi, de m'avoir donné sa main, qui électrisait la mienne. Je lui demandai de me pardonner de ce que je percevais à présent clairement comme une offense : le fait de négliger systématiquement d'essayer d'entrer en contact avec eux. Même lorsque je n'étais plus fatiguée.

Il me regarda droit dans les yeux et me fit calmement parvenir sa réponse : « Je sais qui tu es. »

Il y avait tant d'amour en retour dans ce tout petit personnage, tellement aussi de connaissance... J'avais l'impression qu'il me livrait tout son être, sans rien retenir. Et connaissait tout du mien.

Apparemment, la séance du groupe était finie.

Natacha nous appela pour aller tous ensemble regarder les étoiles. Je revins au « réel ».

Le petit être disparut, comme une lampe qui s'éteint.

Je me joignis au groupe qui marchait en file indienne dans la nuit. Profondément bouleversée.

Paradis perdu

Un petit garçon de trois ou quatre ans, de dos.

Il grimpe une butte herbeuse.

L'image se répète, plusieurs fois renouvelée. Je vois cet enfant escaladant avec une certaine difficulté la petite pente, il glisse, son short blanc se tache de vert par endroits. Comme dans une séquence de film montée en boucle, il refait toujours ce mouvement.

Je cherche à décrypter ce que veut me dire l'inconscient de mon patient, allongé près de moi sur le matelas de soin, en cette fin de journée. Car il y a une douleur dans cette répétition, c'est évident. À moi de comprendre laquelle.

Et puis, lentement, j'entre dans la scène qui, je le sais, précède ce moment : l'enfant vit un moment de bonheur. Allongé à présent sur le sol dans une flaque de soleil, je le vois, comme tous les enfants du monde, observant intensément fourmis, « bêtes à bon Dieu », et coccinelles. Avec une concentration totale, il les examine comme eux seuls savent le faire, ou bien les savants. Mais c'est bien plus encore.

Le petit garçon est en communication intérieure avec les insectes. Ce qui lui semble tout naturel. Il leur parle, et écoute les réponses. Il comprend, il les aime, comme des amis très chers.

Un chat passe. Là aussi, petits mots d'affection échangés, sans qu'aucune parole ne soit prononcée.

Le sol vibre. Quelque chose de lourd se rapproche. Je sens la présence d'un homme. Des mots bienveillants résonnent dans l'air matinal. C'est le grand-père, heureux de retrouver l'enfant.

Jolie scène. Un homme plein d'affection pour son petit-fils, qui vient bavarder avec lui dans son jardin. Très touchant, pour les adultes que nous sommes. Mais il n'en va pas ainsi pour le petit. Pour lui, c'est un drame. Une catastrophe qu'il ne sait pas nommer. Une catastrophe qui va changer son monde.

Car il m'est montré ce qu'il voit, et je ressens ce qu'il vit à présent. Je ressens son drame intérieur, son univers qui se brise, qui s'écroule, l'angoisse qui s'installe, et le vertigineux sentiment d'incompréhension.

Je vois l'énorme chaussure qui marche sur les insectes, les semelles qui écrasent lourdement les amis de l'enfant.

Je ressens l'intense souffrance de ce moment, la douleur partagée, celle de l'enfant traumatisé et l'autre, celle des insectes mourants et celle des survivants, qu'il perçoit au plus profond de son être.

Il ne reste qu'une chose à faire : courir pleurer dans les bras de Maman. Fuir le paradis perdu à jamais.

Pour cela, il faut escalader une butte herbeuse, il glisse, ce n'est pas si facile...

Mon patient mit du temps à s'accorder à l'histoire, faute de souvenirs de cet évènement tragique. Mais soudain, je vis des larmes perler aux coins de ses yeux, et l'émotion l'étreindre. Sa mémoire profonde se réveillait, celle des cellules.

La mémoire si ancienne d'un abîme. Celle de son cœur blessé. De sa pureté massacrée.

La nostalgie aussi, de ne plus savoir, comme lors de son âge tendre, dialoguer avec la nature, avec les plantes, les animaux.

Car, c'est ce qui à présent m'est soufflé par son guide, après cette déchirure, l'enfant cessa toute connexion.

Professeur

Lors de l'un de ces états délicieux que l'on nomme « état de conscience modifiée », je fus témoin, il y a longtemps, d'une scène qui aujourd'hui encore me laisse émerveillée.

Je me retrouvai subitement dans une salle de cours, mais je n'étais pas une étudiante ordinaire : je comprenais très bien que ma conscience s'était focalisée sur un moment situé dans le temps entre deux incarnations évoqué dans les chapitres « Hédoniste » et « Malentendu ». Le monde d'entre-deux vies.

J'étais officiellement morte, donc, mais ces vécus extraordinaires nous donnent la preuve intime que ce que l'on nous a appris n'est pas la vérité. De l'autre côté du voile, notre être est intact, et nous menons des activités que je n'aurais pas soupçonnées. À cette époque, j'ignorais que dans l'au-delà, il fallait étudier !

Et pourtant, le contraire m'était montré.

J'étais dans le fond de la salle, je pouvais donc observer les autres étudiants. Je reconnus avec joie certains d'entre eux, qui sont mes amis aujourd'hui. Ils ont la même activité que la mienne, et je compris pourquoi, dès la première rencontre, j'avais ressenti envers chacun d'eux un élan. Nous sommes « camarades de classe ».

Dans ce moment retrouvé, l'ambiance était celle d'une salle de cours pleine d'élèves attendant l'enseignant, des élèves motivés, matures, qui bavardaient plaisamment, les uns retournés sur leur chaise pour parler à ceux assis derrière, et d'autres, debout près de la fenêtre, très souriants. Rien de nouveau là-haut, donc.

Quand je découvris quelques années plus tard les livres du Dr Michael Newton, hypnothérapeute américain pionnier dans la découverte des mystères sur la vie après la mort par l'utilisation de la régression spirituelle, et ce, auprès de milliers de patients, ce fut pour moi une belle confirmation de cette expérience de conscience : « L'univers spirituel ressemble à une immense école dotée d'une multitude de salles de classe, dirigée par des professeurs qui surveillent nos progrès. » Il évoque aussi « des groupes spécialisés pour les âmes démontrant des talents particuliers (guérison, enseignement, création) ».

Je n'ai fréquenté aucune fac de médecine, mais finalement, je poursuis des études entre chacune de mes vies ! Et chaque nuit d'ailleurs également pendant mon sommeil, comme chacun dans son domaine privilégié.

Un bruit de fond soudain, une agitation. Chaque étudiant reprit sa place rapidement. Levant les yeux, je vis ce que je n'avais pas remarqué jusqu'alors : un grand « rideau » masquant le fond de la salle était tiré, qui dévoilait une estrade et un grand espace blanc.

Ce fut là, exactement, que je vis l'incroyable.

Un professeur approchait avec prestance. Je devrais plutôt dire un maître, car il était vêtu d'une longue robe claire et son aura dorée irradiait de l'ensemble de son corps, lui conférant une immense majesté.

Le silence régnait à présent, et les étudiants, moi incluse, étions dans une concentration totale, plus qu'attentifs, comme si nous nous préparions à quelque chose. C'était étrange à *voir* de l'extérieur, en tant qu'observatrice, mais pour celle que j'étais *dans la salle* et dont je contactais toutes les sensations, c'était une attente pleine d'un plaisir particulier, comme l'attente d'une offrande. C'est bien de cela qu'il s'agissait.

Car le maître, sans un mot, prit place au bord de l'estrade, et face à nous, embrassant du regard l'ensemble des étudiants, fit soudain un geste spécifique : ouvrant largement les bras et émettant un souffle comme on le fait dans la pratique des arts martiaux, il « envoya » puissamment une charge énergétique que chacun reçut en plein cœur.

Puis il plaça ses mains en *Namaste*, se retourna et disparut, en même temps que le rideau se tirait à nouveau.

Le cours était terminé.

À Claire

Il n'est plus profond silence qu'auprès de quelqu'un venant de mourir. Toi, aujourd'hui, en l'occurrence.

Toi qui as réussi enfin à t'extirper de ton corps torturé et qui flottes au-dessus de ton lit en ce matin d'hiver, dans la nuit qui s'achève et le jour qui se lève, une aurore comme tu les aimes tant, la boule rouge du soleil dans un ciel rose flamboyant.

Ton visage apaisé offre toute sa douceur.

Entouré de mystère.

Malgré ce que je sais de ton état, ce que j'ai connu auprès de tant d'autres et lu tant de fois, il est là, ce mystère.

Il t'enclôt. Te déborde. Il m'enveloppe.

Tu es là mais déjà tu es dans l'autre monde.

Et même si je peux te parler, percevoir le murmure de tes mots dont mon cœur se nourrit, il y a dans cette écoute intense le sentiment si fort qu'ils seront les derniers soufflés face à moi. Dans ton nouvel espace, je ne peux vraiment pas te rejoindre.

Ou pour si peu de temps.

Alors j'accueille le silence de ta présence, dans ta chambre.

Contraste, dans la journée qui s'étire, avec la vie dans les pièces d'à côté, les pleurs, les rires, la nourriture et le vin partagés, les embrassements serrés, la fusion d'une famille.

Silence sacré et recueillement. Chaleur humaine.

La qualité d'amour est la même.

Merci d'avoir été ma sœur. Ma complice. Mon pilier.

Toi que je pleure de tout mon cœur.

Trois sœurs

Nous étions trois.

Depuis si longtemps j'étais entre vous deux, mes sœurs.

Entre la petite – toi – et la grande.

Bien protégée, puis entourée, au fil du temps.

Je me sens amputée.

Un grand vide à ma droite.

Il n'y a plus ton soleil.

La connaissance de la nature de la réalité ne comble pas le manque. Les communications avec l'invisible ne remplaceront jamais ta présence. Une fois encore, je dois m'arranger avec ce que je n'avais pas imaginé. Prise dans le jeu de l'illusion, je pleure ton absence.

Un peu de temps a passé.

Tu es heureuse.

Lorsque je te vois, tu es radieuse.

Maman, ça va ?

Les tout jeunes enfants voient tout. On ne peut rien leur cacher. Pendant la maladie de ma sœur, ma petite-fille était très affectée. Plusieurs fois par jour, elle disait « Claire, malade ! », comme une affirmation qu'il n'était pas question de réfuter. Après les dernières visites qu'elle lui fit, elle éprouvait en rentrant chez elle le besoin de courir dans tout l'appartement en sanglotant très fort, une attitude que ma fille ne lui connaissait pas, et qui lui fit comprendre que sa toute petite se déchargeait du désespoir de ce qu'elle avait vu et ressenti. Du déchirement de son cœur.

Elle expliqua un jour que Claire était *marron*, et que sa maman, et moi-même étions *bleues*. Ce qui désignait clairement la couleur de nos auras respectives.

Puis, la maladie progressant, et alors même qu'elle ne venait plus en visite chez sa grand-tante, elle demandait sans cesse à sa mère : « Maman, ça va ? » ajoutant qu'elle-même était « en forme ! » Une manière de se rassurer. De nous rassurer.

Quelques jours avant le décès, elle déclara une laryngite aiguë. Le pédiatre déstabilisa ma fille qui l'informait de la situation familiale en bougonnant qu'il y a des choses qu'on ne dit pas aux enfants.

Mais il est inutile d'essayer de tromper les enfants.

De leur cacher la vérité pour les « protéger » : ils voient nos auras. Ils ressentent tous nos états émotionnels, et notre chagrin en fait partie. Ils perçoivent et savent, bien mieux que nous. Leurs sens psychiques, beaucoup plus développés que les nôtres, les mettent en contact, même à distance, avec les gens qu'ils aiment. Il est au contraire extrêmement important de leur expliquer, de les écouter et surtout de les croire.

Ma fille avait passé toute la journée du décès dans l'appartement de ma sœur, et était restée tard le soir avec la famille. Elle avait demandé au papa d'Irina de ne pas l'informer, car elle tenait à le faire par elle-même.

Le lendemain, alors qu'elle lui posait de nouveau cette question : « Maman, ça va ? », ma fille lui répondit : « Oui, ça va, mais je suis triste. Tu sais pourquoi ? »

« Oui. »

Un peu étonnée, ma fille lui demanda :

« Dis-moi. »

Avec sa délicieuse prononciation de toute petite fille de deux ans et un mois, elle expliqua : « Claire est partie. »

Elle le dit plusieurs fois.

Ma fille, très touchée, parce qu'elle n'avait pas encore trouvé le moment de le lui annoncer sans être bouleversée, lui demanda :

« Comment tu le sais ? »

« Elle m'a dit. »

« Ah bon ? Mais comment ? »

« Elle est venue me voir. »

Silence de ma fille. Puis :

« Qu'est-ce qu'elle t'a dit ? »

Réponse, avec un grand sourire et un geste de la main :

« Salut Irina ! » (C'était tellement dans la manière de ma sœur que je croyais l'entendre !)

Puis elle termina en déclarant :

« Claire était malade. Elle a plus mal. Elle est guérie. C'est génial ! Je suis contente. »

Elle retrouva une joie de vivre extraordinaire.

Préhistorique

Longtemps, nous avons aveuglément donné notre pouvoir aux autorités médicales, religieuses, scientifiques et autres. Nous remettions rarement en question les connaissances qui nous étaient données ; nous y croyions le plus souvent sans nous poser de question. Ce comportement valait également pour ce qui concerne l'Histoire. Notre histoire humaine.

L'Atlantide est un mythe, les pyramides sont des tombeaux, la Terre est la seule planète habitée... Nous étions tenus de croire et de ne pas déranger par nos interrogations, pourtant légitimes. « Le problème est que nous vivons aujourd'hui dans ce que l'on appelle un *paradigme matérialiste*. Et parce que l'être humain est psychologiquement incapable de penser et de vivre en s'imaginant que ses connaissances sont incertaines, ce qui a pour vocation de rester un modèle hypothétique est devenu une vérité d'Évangile », écrit Stéphane Allix dans *Nos âmes oubliées*.

Les expériences de conscience élargie constituent cependant une source bienvenue permettant de réviser les notions qui nous sont inculquées par des gens répétant ce qu'on leur a enseigné sans l'avoir jamais validé par eux-mêmes. Lorsqu'elles sont vécues, la version officielle ne peut plus demeurer.

Aujourd'hui, la multiplicité des sujets disponibles sur Internet concernant les travaux de chercheurs à l'esprit ouvert modifie également le contexte, et chacun a accès, s'il cherche un tant soit peu, à une foule de connaissances nouvelles.

Par exemple, contrairement aux croyances émanant d'un consensus à peu près général, une autre compréhension des œuvres des hommes de la préhistoire est en train de voir le jour. Ayant conduit une étude sur les peintures rupestres datant de quarante mille ans dans les grottes européennes (France et Espagne), l'archéologue Ran Barkai, de l'université de Tel Aviv, est convaincu que celles-ci servaient de portails, de portes de communication avec d'autres mondes. Il explique que les peintures sont situées au plus profond des grottes, dans le noir, là où il faut s'éclairer à la torche, ce qui, en raison de la diminution de l'oxygène, mettait peu à peu les artistes en état d'hypoxie, et leur permettait d'avoir des hallucinations et de communiquer avec d'autres plans. Selon lui, les magnifiques peintures d'animaux étaient exécutées en état de transe chamanique. Il rejoint l'anthropologue Michael Harner – la plus haute autorité mondiale en matière de pratiques chamaniques – pour qui ces hommes « sont les premiers à avoir publié les comptes rendus » de leurs quêtes de vision. Ran Barkai affirme : « Je crois que nous pouvons apprendre des leçons des hommes de ce temps. Leur conscience était bien plus vaste que la nôtre, ils étaient bien plus connectés au cosmos ».

Je voudrais aller dans ce sens, au travers d'une expérience que je vécus il y a plus de quinze ans et que je ne peux oublier.

Lors d'une séance de soins apparut soudainement dans mon champ de vision intérieure un homme vêtu d'un pagne en peau de bête. La scène – assez rapide – qui me fut montrée modifia mes croyances à jamais : ce personnage, typique des représentations habituelles, à demi nu, râblé, musclé, un peu « rugueux », sortait d'un abri rocheux, l'air empressé. Il leva la tête vers le ciel, comme s'il obéissait à un signal.

Ce que l'on aurait appelé dans les années soixante soucoupe volante, puis plus tard vaisseau spatial, OVNI, et de nos jours PAN : phénomène aérospatial non identifié, apparut devant l'écran de mes yeux clos, énorme, glissant sans bruit.

Contrairement à moi, que l'invraisemblable association contenue dans cette vision stupéfiait – un homme des cavernes et un vaisseau E.T. –, il n'eut pas le moins du monde l'air surpris.

Concentré dans l'observation attentive de ce qui se passait dans le ciel, il guettait l'instant où l'objet le survolerait à son exacte verticale.

Alors, devant mes yeux émerveillés, l'incroyable se produisit : son corps subtil lumineux s'extirpa doucement hors de lui par le centre de la tête et se mit à communiquer avec les occupants du véhicule de l'espace. Image improbable que cette superposition, comme une marionnette qui sortait de sa boîte...

Son corps physique – la boîte – était immobile, incapable aurait-on dit du moindre frémissement, comme s'il était anesthésié. Déserté de toute vie. Seul son corps d'énergie, tel un voile lumineux sorti de lui à mi-corps, flottant au-dessus de sa tête, était actif dans cette conversation télépathique avec les êtres du vaisseau de lumière.

Je fus abasourdie. J'avais plutôt pour habitude – comme nous le faisons tous, formatés depuis l'enfance que nous sommes – de considérer les hommes préhistoriques comme des êtres en devenir. En osmose avec la nature et les astres, mais bien inachevés comparativement à nous. Jamais je n'aurais imaginé qu'ils avaient la maîtrise de leurs corps énergétiques, encore moins qu'ils recevaient conseils, enseignements, et informations de la part d'êtres dont l'humanité occidentale contemporaine dans sa grande part en est encore à nier l'existence.

Et pourtant...

Par cette vision fugace, une nouvelle proposition me fut offerte, qui changea tout : je vis que cet homme, chef de son clan, pétri du sens de la responsabilité envers les siens, femmes, enfants, anciens, était aussi – c'est sans doute cette disposition qui lui conférait une si haute charge – en interrelation avec des êtres d'autres mondes. Des sages, que je perçus alors, à l'intérieur du véhicule, irradiant de lumière. Empreints d'amour.

On me fit comprendre que s'il attendait son message avec impatience, c'était malgré tout chose courante. Un peu comme on attend le facteur. Ou comme on guette ses mails. Message dont, contrairement à lui, je fus bien incapable de saisir le moindre mot.

Réintégrant son corps l'air satisfait, l'homme d'autrefois fit demi-tour et regagna son abri, un peu voûté, sa chevelure brune hirsute lui cachant le visage, image parfaite des représentations officielles.

En écrivant cette expérience se rallume en moi la douce flamme reçue par cet homme « préhistorique », que j'avais ressentie longtemps après la séance vibrer en tout mon être : la douceur d'une bénédiction. La certitude d'une protection.

Manège

Je le reconnais, ce qui m'arrive parfois semble sorti d'un roman de science-fiction. Ce n'est pourtant pas le cas.

Ce que je vis est réel, et les expériences les plus extraordinaires se révèlent d'une grande utilité pour mes soins, me permettant d'élever ma fréquence vibratoire. Cela se vérifie chaque fois.

Les informations reçues lors de ces moments d'exception (qui sont de plus en plus fréquents et me surprennent de moins en moins) ont pour but de nous enseigner le concept de multidimension. Bien que j'aie hésité à les écrire, les deux derniers chapitres de mon livre précédent – qui font allusion à ceux qui viennent d'autres mondes – me valurent les retours les plus abondants. Tous disent la même chose, avec un immense soulagement: « Enfin... Enfin, je comprends qui je suis... »

Comme je l'ai indiqué dans l'introduction, il est temps de parler. Il faut dire les choses, il ne faut plus les taire par peur de passer pour des fous. Il est juste que chacun ait de la vie une connaissance plus vaste, plus précise. Les fous seraient plutôt ceux qui demeurent retranchés derrière leurs œillères, tout en condamnant farouchement ce à quoi ils se refusent l'accès.

Je suis toujours heureuse de valider et compléter mes connaissances et compréhensions par l'expérience des autres. Un autre concept relié à la multidimension m'enchanta il y a plus de vingt ans, développé récemment par Sylvain Didelot dans *Transincarnation, plusieurs vies en même temps*? Il permet d'avoir une meilleure idée de qui nous sommes vraiment: « La transincarnation est une action par laquelle un Esprit, une conscience divine s'incarne et prend forme dans plusieurs corps, dans plusieurs temps et dans plusieurs espaces, dans la même et unique expérience telle que perçue par sa conscience divine. » En clair, nous vivons plusieurs vies en même temps.

Le terme de transincarnation me permit de poser un mot sur ce que je connais et vis depuis si longtemps, et dont j'ai un peu parlé dans mes livres. Certains lecteurs ont pris ces textes pour des poèmes, mais il n'en est rien. Ce sont des récits d'expériences de connexion avec l'invisible. J'en rapporte quelques-uns à la fin du livre pour éclairer mes propos (« Annexe 1 », page 309).

La perspective est donc infiniment plus vaste que ce que nous croyions. En fait, nous ne sommes jamais seuls. Limités par la tridimensionnalité propre à la Terre, nous n'avons pas la perception de la globalité. Pourtant, chacun d'entre nous expérimente la vie sur différents plans, dans des dimensions *énergétiques distinctes, dans des temps et des espaces multiples,* avec des consciences singulières, et le plus étonnant peut-être, parfois dans des formes divergentes du modèle humain. Et tout ceci *en même temps, relié à la partie de nous-mêmes la plus haute, la plus pure, vibrant d'un amour infini : notre partie divine.*

On peut le dire aussi de cette manière : il n'y a pas d'écart entre « Dieu » et nous-mêmes.

La Source (ou Dieu, ou le Sans-nom) se projette dans ce que l'on peut appeler notre *moi divin*, état de pure lumière, pure conscience, pure sagesse, omniscience, perfection, auquel nous sommes reliés en permanence sans nous en rendre vraiment compte, car cela nous est impossible vibratoirement.

Le moi divin se subdivise et projette notre *conscience supérieure*, que l'on peut aussi appeler notre âme, dans sa partie non manifestée. Ces deux sublimes aspects de nous sont immortels. La conscience supérieure a la connaissance de tout ce qui nous concerne, dans toutes nos existences. C'est la lumière que nous voyons dans certaines expériences mystiques, ainsi qu'à l'heure de notre mort. Le grand disque au bout du chemin qui nous attend, tel que montré dans le film d'animation *Soul* (« Annexe 2 », page 319). Je me rends compte en rapportant ce texte qu'au moment où je l'écrivis, j'avais fait une confusion entre la Source et la conscience supérieure. La compréhension et donc la connaissance de ces domaines se fait pas à pas...

La conscience supérieure nous guide, nous inspire et nous protège. L'inspiration qu'elle représente peut s'unir à celles de nos guides d'incarnation, mais elle en est différenciée. On pourrait dire que notre conscience supérieure tient le rôle de celui que nous définissons comme l'ange gardien.

Enfin, depuis son niveau, et c'est là peut-être le plus étonnant, elle engendre *simultanément plusieurs existences* reliées entre elles par intrication quantique; reliées aussi à elle et à notre moi divin: ce sont nos transincarnations. (Qui possèdent donc elles aussi leur cycle propre de réincarnation et leurs guides.)

Lorsque j'avais découvert notre « anatomie invisible élargie », j'habitais en face du parc Montsouris, juste au-dessus de l'ancien petit manège des enfants, protégé par un magnifique marronnier. J'avais eu une révélation, un jour, en le regardant. J'aimais penser que la voûte céleste couronnant le manège était une représentation de la Source, et que la flèche tout en haut de la toile de tente vert émeraude pouvait se voir comme notre moi divin. Elle est prolongée par une tige de métal jusqu'à une boule symbolisant la conscience supérieure, qui se subdivise elle-même en plusieurs « consciences ordinaires » : les carrosses, chevaux et petits cochons roses.

Certaines nuits, les lumières de Paris se réverbérant sur le plafond de nuages, le ciel devient lumineux lui aussi: il est à l'image de la Source, et les guirlandes de lumière du manège, suivant ce trajet en partant de la pointe illuminée, donnent plus de réalisme à cette anatomie multidimensionnelle dévoilée pendant mes voyages intérieurs.

Lorsqu'un enfant s'installe sur l'un des animaux ou dans l'un des carrosses et se tient à la barre verticale, il est à l'image de notre flamme divine « fractalisée ». Corps et conscience individuels, mais intimement reliés aux autres corps et à la Source. Nous sommes l'enfant sur le petit cheval d'un manège. Le but est de laisser chacune de nos parts revenir à l'infini suprême, la Source, chargées de connaissance et d'amour, et de s'y fondre.

Ce qu'indique Sylvain Didelot, et c'est enthousiasmant, c'est que nous avons aujourd'hui, grâce au processus d'accélération vibratoire, la possibilité de communiquer bien plus facilement avec toutes ces parts de nous-mêmes. Je me permets de le confirmer.

C'est surprenant à découvrir, cette notion d'existences multiples simultanées, mais l'on s'y fait très vite.

Certains de nos *moi* vivent sur Terre dans la même ligne du temps que nous ; si je poursuis ma comparaison avec le manège, certains chevaux sont côte à côte. Deux par deux. De la même manière, il peut nous arriver de nous rencontrer. Lorsque ce fut mon cas, je vécus une expérience bouleversante. Je croisai, dans un village du sud de l'Inde, un sâdhu dont la rencontre avait pour but un réveil cellulaire accéléré, qui me laissa cependant durant seize ans en sensation de manque extrême. Je l'avais pris pour le maître du jeune garçon que j'avais été dans une ancienne vie. Lorsque je compris enfin qu'il n'était autre que moi-même, tout s'apaisa (« Annexe 3 », page 321 et « Annexe 4 », page 325).

Plus tard, je fis une autre rencontre marquante.

Lors d'une séance, en posant ma main sur une patiente, j'eus l'impression troublante d'entrer en contact avec moi-même. Forte de mon expérience précédente, je lui dis aussitôt ce que je ressentais. Très tranquillement, elle répondit : « Je sais. Dans la voiture, j'ai dit à mon mari : je vais voir ma jumelle. » Le commentaire de celui-ci m'avait bien amusée : « Oui. Enfin, elle a quand même vingt ans de plus que toi, ta jumelle ! » Mais nous *savions*. Nous nous étions reconnues l'une et l'autre dans cette incroyable sororité qui nous lie de manière très particulière, au-delà des schémas humains habituels. Il existe de nombreux points communs dans nos vies, même si nous les menons chacune à notre manière, et l'information circule entre nous, et nous enrichit.

Contrairement à ce que l'on continue aujourd'hui encore à nous demander de croire, nous ne sommes pas les seuls êtres vivants de l'univers. La Terre n'est pas la seule planète habitée. Le cosmos regorge de formes de vie, certaines infiniment plus évoluées que nous tandis que d'autres le sont moins. Compte tenu de ce que j'ai expliqué plus haut, il arrive, là aussi, que nous puissions nous « croiser » nous-même, et de savoir de façon intuitive et formelle que si cet être de l'espace à l'allure si étrange résonne tellement fort avec nous... c'est tout simplement parce qu'il est un autre nous-même. Un autre moi, *d'ailleurs*. C'est très bouleversant chaque fois. J'en donne un bref aperçu dans le chapitre « TCH ».

Nous existons donc dans des versions extraterrestres : hors de la Terre. Parfois même, nous « vivons dans un autre corps » dans d'autres systèmes solaires ou d'autres galaxies ; parfois plus loin encore, dans d'autres univers. Il arrive souvent que les guides me disent qu'ils ne peuvent me donner le nom du monde auquel la personne est reliée, car il est imprononçable, et que nous n'avons pas idée de l'endroit où il est situé...

Nous pouvons également – et en même temps – avoir des expressions de nous-mêmes dans l'Intraterre. La Terre est creuse et, sans que cela soit encore très connu, des peuples à la conscience élevée vivent à l'intérieur, qui ne ressemble pas à ce que les géologues nous expliquent.

Dans cette ronde d'une douzaine de consciences unies entre elles et à la même conscience supérieure, ainsi qu'au même moi divin, toutes les configurations et cohabitations sont possibles, de la plus « basse » à la plus élevée.

Nous appartenons à la même souche que bien d'autres formes de consciences possédant des corps très différents. Formes humanoïdes, animales, fleurs, arbres, cristaux, corps de pure lumière... Bien d'autres personnages encore, que l'on a du mal à décrire, et dont certains possèdent une conscience d'amour extraordinaire en regard de la nôtre, qui a encore tant de chemin à faire. Je fis, par exemple, à plusieurs reprises une rencontre fabuleuse, il y a longtemps : celle d'un autre moi dont le corps physique est une rose et la conscience, une pure merveille (« Annexe 5 », page 329).

Il m'est possible de me mettre en résonance avec chacune des parts de moi déjà découvertes, c'est un enrichissement du cœur extraordinaire. Chacun le peut également.

Nous sommes à part entière des êtres du multivers.

Des êtres multidimensionnels.

C'est vertigineux, mais c'est ainsi.

Nous sommes un projet du divin, qui, pour s'expérimenter, se déploie en de multiples facettes.

Nombreux parmi les gens en apparence les plus ordinaires sont en réalité des stellaires, c'est-à-dire des êtres reliés plus spécialement et directement à une planète beaucoup plus évoluée que l'est la Terre actuellement. Ils sont en quelque sorte « déguisés » en humains.

Comme je l'ai dit au début de ce livre, notre planète a démarré son processus d'ascension. Les stellaires – issus parfois de dimensions cosmiques très lointaines – viennent s'incarner de plus en plus nombreux pour nous aider dans les temps difficiles du passage à la transition. Ils viennent nous transmettre leur immense amour et leur vibration de haute fréquence pour aider à changer la conscience collective.

L'immense majorité des humains souhaite vivre dans un monde de paix et d'amour, et ces grands êtres viennent nous accompagner pour que le nouveau monde – la nouvelle conscience – puisse s'installer. Le réveil a commencé.

Avoir cette connaissance, savoir que nous ne sommes jamais seuls, puisque unifiés à toutes ces consciences à un niveau intime, permet de relativiser nos souffrances. Nous recevons de l'aide en permanence, en plus de nos moi supérieurs, des autres parts de nous-mêmes, puisque certaines sont beaucoup plus évoluées que nous pouvons l'être. Ce qui est motivant, c'est de savoir aussi que chaque amélioration, chaque libération que nous vivons à notre niveau personnel rejaillit sur l'ensemble, allégeant toute la ronde de nos moi. Et inversement, bien que nous n'en soyons pas conscients.

Les nouveaux arrivants (les bébés et les tout-petits) ont des facultés qui nous émerveillent. Ils sont, pour paraphraser le titre du roman de science-fiction de Theodore Sturgeon qui avait enchanté mes dix-sept ans, *Les Plus qu'Humains*.

Le comportement des petits enfants, si on les observe lorsqu'ils sont dans la nature, démontre qu'ils ont la capacité de se relier avec aisance aux Élémentaux. Certains ont une connexion naturelle très puissante avec leur guide, qu'ils voient et dont ils entendent les conseils ainsi qu'avec les décédés qui n'ont pas regagné les plans de lumière, qu'ils voient comme s'ils étaient dans notre plan d'existence.

Ma petite-fille, qui les voit aisément, nous fit part également de l'existence de sa guide Brigitte (dite Bizitte car à deux ans la prononciation est moins évidente que la clairvision), et nous expliqua qu'elles se parlent « dans sa tête ». Je reçus l'autorisation de me connecter à cette guide et découvris une merveilleuse toute jeune fille, pleine d'amour et de sagesse. Elle m'apprit que les guides des petits enfants prenaient souvent cette apparence de jeunesse, pour ressembler à des grands frères ou des grandes sœurs. Quand ma petite-fille se mit à évoquer le « mari de Bizitte » : un « monsieur bleu qui a une tête bizarre mais il est gentil », nous la crûmes sur parole et savions qu'elle faisait référence à un être d'ailleurs. Cela me rappelait mes rencontres de la petite enfance, retrouvées à l'âge adulte. Un être galactique (que j'appelais *Monsieur* moi aussi) venait me visiter et m'instruire (« Annexe 6 », page 331).

Ils ont depuis été rejoints par Micham et Gaspard.

Lorsque j'en avais parlé à mes filles et mes sœurs, elles m'avaient dit qu'elles aussi avaient vécu ce genre de rencontre, oubliées jusqu'alors. Celui d'Irina, bien qu'humanoïde, est un peu différent de nous. Mon visiteur, rose et mauve, était « magnifique », mais lorsque je vis le sien, je compris pourquoi elle le trouvait bizarre.

Nous étions comme ces petits, mais nous l'avons oublié.

Pourtant, de plus en plus, le voile se lève. Nous avons, consciemment ou pas, avec maestria ou pas, en permanence ou en de rares occasions, *la capacité de nous relier avec des êtres d'autres mondes, qui en réalité sont nos sœurs, nos frères, ou parfois aussi, nous-mêmes.*

Les cinq chapitres qui suivent sont issus de cette forme de contact. Les trois premiers furent vécus à une époque où j'en savais moins qu'aujourd'hui concernant ces sujets.

Ces textes ne comportent pas une once d'imagination.

Ils sont juste descriptifs.

Musée du Caire 1

Je suis face à toi, grand être sacré.

Face à toi, et encerclée.

La salle rayonne de ta majestueuse présence.

Aux murs, plusieurs immenses sculptures à ton effigie nous entourent, nous qui vivons l'enchantement, en ce matin radieux, de te rencontrer.

Face à toi. Sans bouger. Comme hypnotisée.

Telle un cocon, l'ampleur moelleuse de ton essence m'enveloppe de son voile ; pourtant, durant un court instant, je ne peux m'empêcher de contempler ton corps, si particulier.

Si particulier.

Tu n'es pas d'ici, grand être, c'est visible à l'œil nu.

D'où viens-tu ?

Hypnotisée.

Appelée, plutôt.

Je me sens attirée, happée par ton visage singulier, par ton regard qui s'anime et propulse ma conscience vers la tienne, comme si nous nous connaissions de longue date, comme si, enfin, nous pouvions nous retrouver.

Tu m'appelles. L'autorité silencieuse du maître est à l'œuvre.

Je me sens aspirée.

Sans crainte aucune, je me fonds en toi, Akhenaton.

Musée du Caire 2

Je vécus cette expérience intense en janvier 2007, lors d'un séjour en Égypte avec mon compagnon de l'époque.

La suite fut encore plus exceptionnelle.

Face à la grande statue d'Akhenaton, je demeurais immobile, fascinée, incapable de bouger ; le monde extérieur, la salle, mon compagnon, le public, tout avait disparu. Ne restaient que les yeux de puissance dans la présence immense.

Et puis...

Rien.

Je repris conscience subitement, un peu hébétée, sans savoir ce qu'il s'était passé, et découvris avec stupeur que la salle était vide.

Une salle pleine de touristes qui étaient obligatoirement passés près de moi puisque la statue devant laquelle je me trouvais était placée près de la sortie : je n'avais rien vu, rien entendu, rien ressenti, c'était comme s'il me manquait un temps de ma vie. Que s'était-il produit ?

Une appréhension m'envahit, prenant de l'ampleur lorsque je descendis le grand escalier vide. Cette descente interminable me renvoyait un silence angoissant, comme si le musée tout entier était déserté.

Seraient-ils tous partis ?

Que vais-je faire sans le groupe et le guide de l'hôtel des bords de la mer Rouge, d'où nous venions ?

Et mon compagnon, pourquoi ne m'avait-il pas prévenue ?

Attendue ?

Descendant de plus en plus vite, la peur m'envahit quelques secondes, à l'idée de me retrouver seule au Caire.

De quelle manière revenir à Taba ? Nous avions roulé toute la nuit en car, traversé la frontière israélienne, ce qui n'avait pas été si facile ; comment trouver un autre car, ou un taxi, de l'argent égyptien ? Et surtout, sans les autorisations détenues par le guide, comment allais-je pouvoir rentrer ?

Durant ces quelques secondes, j'avais perdu tous mes moyens.

Et puis je surplombai le hall d'entrée du musée et, comme si une magie bienveillante avait été à l'œuvre, toute angoisse s'envola. Le groupe était là.

Je me dirigeai vers mon compagnon comme vers une bouée de sauvetage. Avec légèreté, il me dit qu'il s'en serait voulu de m'arracher à ma contemplation.

Durant treize ans, le mystère de cette expérience demeura entier.

Musée de Berlin

Je marche vers toi sans attente, Néfertiti, sans idée autre que découvrir enfin ton mythique visage, celui qui illustre les livres d'histoire de millions d'enfants sur la terre, ce visage si connu, patrimoine de l'humanité. Même s'il est dit parfois qu'il n'a pas été conçu de ton vivant, cela n'a pas tant d'importance. Si, au fil du temps, tu as émerveillé tant de monde, je me réjouis de te rencontrer. J'avais été déçue d'apprendre que tu n'es pas au Caire, mais nous voici, deux mois plus tard, venus te rejoindre.

Pour arriver à toi c'est un peu long, de nombreuses salles à traverser, mais en voici bientôt une réunissant ta famille, avec des bustes, des têtes aux crânes étranges, allongés, « *elongated skulls* », comme on dit en anglais.

Ton époux, tes enfants, et toi-même. Sans chapeau.

Tellement singuliers.

Comment ne pas voir que vous êtes *différents* ?

Comment croire aux discours officiels ?

La vérité est sous nos yeux. Vous n'êtes pas de la Terre.

Je suis prise d'émotion, l'impression que quelque chose d'important est à l'œuvre, et va se révéler.

Et puis c'est la rencontre, dans la salle d'à côté.

Le souffle coupé. Les larmes qui montent, de profondeurs insoupçonnées.

Comment décrire ta grâce ?

Ta merveilleuse beauté ?

Comment dire ton extrême douceur, l'amour délicat et puissant qui émane de ton être et rayonne, malgré l'écrin de verre, et verse un baume en nos cœurs verrouillés ?

Dans ce musée d'Europe si éloigné des lieux où tu vécus, tu nous offres le plus beau des cadeaux, sublime épouse royale : le mystère absolu, dans un instant présent devenu éternel, de ta divinité.

Akhenaton. Néfertiti.

Merci, par-delà les millénaires, de continuer à nous guider.

Treize ans après

L'hypnothérapie spirituelle permet de merveilleuses ouvertures de conscience. Lors d'une séance l'année dernière, j'avais posé une question à mon amie Sophie-Marion Tentillier: « Serait-il possible de revenir à ce "moment perdu" avec Akhenaton ? »

La lecture récente d'un témoignage allant dans ce sens m'avait donné l'espoir de percer le mur m'ayant plongée dans l'inconscience au Caire, et d'aller plus avant dans cette expérience que jamais je n'avais oubliée. Elle avait accepté de m'aider.

Me voici donc à nouveau dans le musée égyptien, dans cette salle à l'énergie extrême, face à l'immense statue dont le visage m'apparaît en gros plan, revivant à l'identique l'émotion abyssale, les retrouvailles secrètes qui me touchent au plus profond, et l'appel de mon âme à retrouver *ce que je sais savoir* sans pouvoir me le rappeler.

Une brume épaisse obscurcit ma vision durant un long instant. J'ai du mal à marcher. Je traverse une zone de transition spacio-temporelle, j'en ai bien la compréhension. J'attends la suite le cœur un peu battant.

Je débouche ailleurs...

Oui, c'est bien ailleurs que je suis.

Sur une autre planète.

Je ne sais pas où je suis, mais je sais que ce n'est pas la Terre.

Une couleur impossible à décrire, dans des gris mordorés, aubergine ourlé de jaune safran ; une vibration différente, un cosmos au-dessus de nos têtes qui ne m'est pas familier, non, ce n'est pas la Terre, c'est évident.

« Nos » têtes, car je ne suis pas seule. En ce lieu ayant l'aspect d'une grandiose esplanade, des êtres sont occupés à observer les cieux. Un être très semblable au grand Égyptien d'autrefois est installé sur un trône, tête penchée en arrière, et d'autres sont tout autour, vêtus comme ceux des représentations gravées sur les temples. C'est comme si je me trouvais au milieu d'hiéroglyphes en 3D, animés, mais je comprends qu'il s'agit d'êtres on ne peut plus réels. Ils sont très bienveillants, sensibles à ma présence, et m'invitent à regarder dans la même direction qu'eux.

À regarder une planète brillante bien plus proche que ne le sont nos étoiles, une planète qui en un fin faisceau émet une lumière de diamant, en direction précise de l'être assis sur le trône. Je vois qu'il reçoit cette lumière comme on boit de l'eau pure.

Tout va très vite. Le faisceau, depuis le cœur du pharaon, part à l'oblique, atteint le cœur de chaque participant, puis se dirige vers moi, allongée sur mon lit. Je distingue, au centre de la lumière qui emplit le large canal que j'utilise pour soigner, un tube extrêmement fin, empli de cette lumière laser, et, alors que je comprends intuitivement qu'il va m'aider à optimiser mes soins, je me mets à tousser fortement. Je comprends subitement : le tube de lumière diamantine m'est enfoncé dans la gorge.

Je suis en train de l'incorporer.

Progressivement, les images disparaissent.

Je reviens au présent. Émerveillées, Sophie-Marion et moi commentons un peu ce qu'il vient de se produire. Un peu seulement, il serait dommage d'enlever de l'énergie à cette expérience en activant notre mental.

Je garde en moi durant des heures une sensation physique d'amour extrême, de cœur « dilaté ».

Une conscience d'unité.

Unité avec ces êtres d'autres mondes ignorés des humains, qui sont comme nos grands frères.

Qui ne demandent qu'à nous aider.

Unité avec la Grande Intelligence.

La mystérieuse rencontre avec Akhenaton lors de ma brève absence au réel dans le musée des antiquités égyptiennes avait servi à potentialiser mon aptitude à soigner. Je l'avais remarqué très vite, en reprenant mes séances à Paris, mais n'avais aucune idée de la façon dont cela avait pu se produire. Je ne sais s'il était advenu quelque chose de semblable à ce que je venais tout juste de vivre – si j'avais été télétransportée brièvement en conscience sur une autre planète – mais, cette fois-ci, je compris immédiatement que ce nouveau rendez-vous avait renforcé mes capacités.

Enfin se dévoila le mystère, treize ans après.

Ce qu'il me reste de l'expérience, c'est surtout la vibration d'amour intense dans laquelle, au contact de cette terre inconnue et de ses habitants, avec bonheur, j'avais baigné.

TCH

Pour clore ce registre galactique, je voudrais évoquer la séance de transcommunication hypnotique – ou TCH, méthode crée et animée avec passion par le Dr Jean-Jacques Charbonier – que j'eus la chance de vivre au printemps 2019 grâce à l'un de mes patients, médecin lui aussi, qui m'invita à participer à une session en région parisienne. Je ne décrirai pas cette pratique de connexion avec les plans de l'invisible qui console tant de cœurs blessés, le Dr Charbonier le faisant bien mieux par lui-même au travers de ses livres et de ses conférences. Mais je vais raconter brièvement une partie de mon expérience.

Je savais que la TCH avait été créée pour apaiser les souffrances du deuil et la peur de la mort, et permettait parfois, grâce au processus d'hypnose, de rencontrer ses proches décédés. J'étais heureuse de pouvoir participer à cette aventure. La manière dont la proposition m'avait été faite, si fluide, pour moi qui n'aime pas trop organiser, m'apparaissait comme un cadeau.

Je pressentais qu'il y avait là quelque chose à recueillir, en plus d'un précieux rendez-vous avec ma petite Rose. Un message particulier de mes guides ? Une rencontre inattendue ? Une leçon qui me serait donnée ? J'étais totalement ouverte, dans le plaisir de l'expérience à venir.

On peut dire que je fus comblée. Je découvris que la formidable expansion de conscience induite par l'importance du groupe (quarante personnes) autorise également des « rencontres du troisième type » qui restent inoubliables.

Dès que la musique commença à résonner dans mon casque, et avant même que la voix de Jean-Jacques commence à nous guider, je partis. Je voyais l'immensité du cosmos, sa beauté au-delà de tout qualificatif, beauté extraordinairement vivante qui s'éprouve au niveau le plus sacré de notre être.

Reliance avec notre âme. Rappel de notre appartenance essentielle au Tout, bouleversante.

De gigantesques formes géométriques se dessinèrent lentement dans l'indigo profond. Je n'ai jamais été attirée par la géométrie, mais ce que je découvrais me semblait relever d'une connaissance magistrale, comme si, trait après trait, cercle après diagonale, l'évidence d'une intelligence suprême se manifestait, ayant un but précis. Ce tracé cosmique eut pour effet d'ouvrir un portail : j'y fus aspirée.

Je me retrouvai dans un vaisseau.

Je ne fus pas surprise.

Je connais ce vaisseau depuis plus de vingt ans. Il fait partie d'un « collier » qui entoure la Terre, tel une ronde de veilleurs.

Ils sont en observation constante du comportement des humains, et sont prêts à intervenir si nous dépassons les limites, comme le déclenchement d'une guerre nucléaire, qui aurait des répercussions sur d'autres planètes. Les stellaires qui y résident sont nos protecteurs; ils empêchent également certains malveillants visiteurs d'autres mondes de nous nuire.

Je sais qu'une part de moi plus élevée que je le suis sur Terre s'y trouve fréquemment. L'expérience à vivre n'était donc pas dans la découverte d'un nouveau moi galactique puisqu'elle avait déjà eu lieu à différentes reprises. J'ai de temps en temps un contact avec cet autre moi, assez bref.

Cette fois encore, mais plus longuement, je voyais face à moi un être (que je ressens comme étant féminin) plus grand que moi, longiligne, nimbé de lumière blanche si vive que je pouvais à peine distinguer les traits de son visage, à part ses yeux immenses, tout en ressentant son magnifique sourire me dilater le cœur. Elle se déplace « au ralenti », dirait-on, parce que sa vibration est différente de la mienne. Elle et moi ne sommes qu'une. Sentiment de bonheur.

Mon désir était fort de comprendre pourquoi l'on m'appelait en cette salle de l'espace. Je distinguai alors d'autres présences. Des êtres de Sirius. Je les connaissais eux aussi: ils sont mes grands frères de là-haut. Depuis plus de vingt ans également, ils interviennent régulièrement, et de plus en plus souvent, dans mes soins. Je ne l'avais pas indiqué dans le chapitre « Promotion 2 », car je trouvais cela prématuré, mais certains de nos guides sont des stellaires, des êtres d'autres mondes, celui (ou ceux) avec lequel nous sommes le plus en résonance. Leur fréquence est puissante, différemment de celles des guides habituels.

Cependant, quelque chose de nouveau s'installait. Lors de chaque rencontre, j'ai devant moi des formes très lumineuses, mais cette fois, soudainement, leurs rayonnements s'éteignirent. La raison, me semble-t-il, en est due à la puissance de l'énergie du groupe, qui, permettant une accélération de ma fréquence vibratoire, me situait dans un plan plus proche du leur. Je vibrais *comme eux,* et les voyais bien mieux qu'à l'ordinaire. Pour la première fois, je voyais leur matière, leur peau, d'une apparence différente de la nôtre, qui m'impressionna un peu. Je ne saurais la décrire, je préfère m'attarder sur la douceur que je ressentais émaner de ces êtres, leur sagesse. Des guides spirituels, m'accueillant de toute leur bienveillance.

Je sentis qu'ils voulaient me montrer quelque chose concernant mon moi d'ici et maintenant.

Je vis soudain apparaître au centre de la pièce un mobilier particulier, qui me fit penser à des fonds baptismaux. Il était façonné dans un matériau ressemblant à l'albâtre, ce qui lui donnait une belle transparence. Une eau vert émeraude emplissait le bassin. Je sus que cette eau était « mon livre », et qu'il me fallait plonger dedans.

J'eus l'impression de rejoindre les eaux profondes d'un océan, qui m'entraînèrent dans une descente rapide.

Je visitai tout le déroulé de ma vie, depuis le commencement : descente, conception, gestation, naissance. Cette fois, il n'était pas question d'illustrer l'extrême brièveté d'une existence humaine, ainsi que je l'avais expérimenté l'été de mes soixante ans. Car, en accéléré, me furent montrés les points clés. Douleurs, difficultés, épreuves.

Pour chacune, au cœur d'un espace secret de mon être qui en cet instant précis me semblait pleinement familier, je ressentais le bien-fondé total de ce par quoi j'étais passée, et mon entière acceptation. Mon esprit, d'une clarté absolue, se rappelait le plan soigneusement élaboré en d'autres temps.

Tout m'apparaissait d'une logique imparable.

« Tu as choisi de tout apurer, voici pourquoi il y eut beaucoup de choses à vivre. »

Il me fut montré ensuite, après les vies du passé, d'autres à venir – dont je contactais charnellement la sensation de simultanéité –, et le travail, ou plutôt la vibration à y installer, en harmonie avec mon essence. Je reçus des confirmations et des réponses sur la complexité de l'ensemble de mes expériences.

J'eus la vision très nette de différents *moi* auxquels je suis reliée, vivant dans d'autres points du cosmos. Plus que tout, je fus marquée par les précieux conseils concernant la suite de mon chemin, donnés en abondance.

Jamais je n'avais reçu d'aucun guide, d'aucun maître, de telles explications. Mes grands frères de l'espace s'en chargèrent lors de cette occasion.

Je dois ajouter que cette compréhension si claire s'effaça peu à peu, à l'instar des révélations que reçoivent ceux à qui il arrive des expériences de mort provisoire, révélations qui se dissolvent dès la réintégration de leur conscience dans leur corps, et donc leur retour à la vie. Ces rencontres ne sont évidemment pas destinées à assouvir notre curiosité, elles ont pour but de nous guider, de nous orienter, à un niveau subtil.

Une structure intérieure demeura cependant, me donnant des forces nouvelles, dont je ressens aujourd'hui encore les effets.

La voix dans mon casque fit soudain se dissoudre la présence de ces êtres pleins d'amour. La rencontre était terminée.

Mon expérience avec les êtres de l'espace, gravée au plus profond de moi, m'avait semblé comme hors du temps, impossible à quantifier, même si j'avais la sensation qu'elle avait pu durer une journée tout entière.

Elle avait toutefois été si brève que je n'avais rien manqué de l'accompagnement. Je me concentrai sur la guidance qui suivit, très riche de rencontres et de magnifiques messages, elle aussi.

Transmission du don

Je vais rappeler quelques précieuses notions : lorsqu'elle naît à sa nouvelle vie sur Terre, l'âme cherche à reprendre conscience de qui elle est, malgré le feu de l'oubli au moment de la descente en incarnation. Mais la psyché humaine ne supporterait pas de se ressouvenir trop rapidement de toutes ses vies passées. Nous serions tous très très schizophrènes...

D'où ce voile nécessaire.

Ainsi, au fur et à mesure de sa croissance, le petit humain se reconnecte à qui il est, à son être, en traversant différents événements, en rencontrant des personnes, mais aussi des lieux ou des objets qui viennent faire écho au niveau de son âme.

Je me souviens de ma fille Clara qui, à deux ans, sut immédiatement se servir d'une paire de baguettes pour manger son bol de riz et ce, avec une facilité déconcertante que rien ne pouvait expliquer si ce n'est un écho mémoriel karmique. C'est d'ailleurs de cette manière que dans le bouddhisme tibétain sont validées les nouvelles incarnations des grands lamas décédés : quelques objets parmi lesquels se trouvent certains lui ayant appartenu sont présentés à l'enfant pressenti, qu'il doit reconnaître.

Nous retrouvons petit à petit pourquoi nous sommes redescendus et ce que nous souhaitons traverser une nouvelle fois sous une autre perspective, pour le dépasser ou le libérer.

Lorsque je l'avais découvert, j'avais été fascinée par le fait que nous nous incarnons souvent dans ce que l'on peut appeler des « familles d'âmes ». Ce peut être la famille biologique, mais parfois ce n'est pas le cas et cela concerne les amis, la famille de cœur. Cela donne un sens bien plus profond et intime à nos relations. Même les ennemis de cette nouvelle vie terrestre ont pour but ce réveil ou éveil de l'âme. Tout notre contexte de vie est choisi en amont de l'incarnation, tout le *casting* et les rôles impartis à chacun cette fois-ci sont clairement définis avant que cela ne (re)commence. Ce sont les pactes d'âmes, dont nous sommes toujours les co-auteurs, et qui peuvent sembler merveilleux, ou très difficiles...

Mes filles Clara et Laura se sont incarnées dans une famille d'âmes au sens biologique, c'est-à-dire dans un contexte qui leur a permis d'être entourées de guérisseurs (père, mère, et même nos chats...) qu'elles connaissaient déjà de longue date. Nous avions tous les quatre (cinq avec ma première fille, Rose) des programmes de vie très proches qui ont mené à ces rencontres de plus en plus fréquentes de vie en vie. Même si leur père a décidé dans cette incarnation – jusqu'à maintenant – de ne pas utiliser son don de guérison au sens strict.

Elles ont beaucoup pratiqué en d'autres temps et d'autres lieux et souvent déjà avec nous. Il y eut une vie au XIIe siècle dans laquelle nous étions tous réunis dans la même distribution des rôles, parents et enfants, dans une forêt près de Volvic. C'était alors leur père qui nous formait toutes trois à des pratiques de guérison. On peut vraiment parler de retrouvailles. C'est très précieux de continuer à expérimenter ensemble.

Elles furent également de nombreuses fois réunies toutes les deux, sans nous, en tant que guérisseuses, sibylles, prêtresses, chamanes, pythies, prophètes, rabbins, maîtres kabbalistes, et j'en passe... Ces vies, dans lesquelles elles expérimentaient leurs dons, furent maintes fois l'occasion pour elles de s'exprimer à travers les arts. Elles peignaient, sculptaient, écrivaient, prêchaient, selon les incarnations.

Je n'eus donc pas à proprement parler à leur transmettre un don, puisqu'elles le possédaient depuis fort longtemps. Il s'agissait plutôt d'une réactivation de leur don personnel, par-delà le temps. Une transmission de soi-même à soi-même.

Pourtant, venir dans cette famille que nous formions leur père et moi les autorisa à se souvenir plus facilement, certainement, ou à ne pas endormir ce qu'elles détenaient de toute éternité.

Quand je commençai ma quête spirituelle, elles avaient huit ans et cinq ans et demi. Je leur racontais tout ce que j'apprenais, tout ce que je découvrais, au jour le jour. Plus tard, quand je redécouvris mon potentiel de soigneuse, elles furent bien sûr les premières informées. C'est alors que je compris que bien des choses de leur petite enfance m'avaient échappé...

Quand je promenais Clara dans sa poussette – elle devait avoir autour de huit ou neuf mois – elle avait pour habitude de scruter les gens de manière si intense qu'ils en étaient impressionnés, et il n'était pas rare que j'entende : « Mais qu'est-ce qu'il a votre bébé ? Pourquoi il me regarde comme ça ? » Ce à quoi je répondais, assez surprise : « Mais rien du tout ! C'est qu'elle a les yeux bleu très clair ! » Il me fallut du temps pour comprendre qu'en fait elle scrutait leurs auras, sondait leurs âmes, et entrait directement dans leurs champs akashiques personnels. Souvent, elle n'était pas ravie de ce qu'elle y voyait... Étant si petite à l'époque, elle avait cet accès limpide à l'invisible mais sans avoir bien sûr retrouvé la capacité de libérer les mémoires qui continuaient manifestement à encombrer dans leur vie présente ces passants que nous croisions. Ce qu'elle (ré)apprit à maîtriser tout naturellement en grandissant.

Parfois, au contraire, Clara s'illuminait en regardant quelqu'un. La vision devait être plus agréable.

Laura nous parlait sans que le comprenions de la beauté des mondes de lumière, et des Élémentaux dont j'appris peu après qu'ils étaient bien réels, et pas un conte pour enfants. Elle aussi voyait ce que nous ne voyions pas. Un jour, vers six ans, elle fut très troublée de rencontrer la fille d'amis, âgée de quatorze ans environ, qui avait eu de graves lésions au cerveau à la suite d'une maladie dans sa toute petite enfance. Elle suivait un traitement très fort qui lui avait fait prendre beaucoup de poids depuis la dernière fois que je l'avais vue, et la retrouver ainsi, tellement changée, perdue, incapable de communiquer, de bouger par elle-même me brisait le cœur. Pourtant, ma fille, après l'avoir regardée longuement, s'approcha de moi et me chuchota à l'oreille : « Maman, Hélène, c'est un ange ? » Regardant mieux cette petite jeune fille abîmée, je croisai son regard, et fus bouleversée par la douceur, la lumière et surtout la sagesse profonde de ses yeux en amande. La petite Laura avait su voir, derrière les apparences, à quel point la belle âme d'Hélène rayonnait.

Mes filles ont entre elles une relation télépathique qui m'échappe le plus souvent. Dans cette vie-ci, elles choisirent le cinéma. Réalisatrices et scénaristes, elles fondent leurs narrations sur des socles émotionnels qui en font des soins d'âmes très puissants, dans lesquels chacun reçoit ce qui est juste pour lui. Elles furent tout naturellement aussi appelées à devenir thérapeutes et décidèrent de faire fructifier leur don de guérisseuses lors de séances individuelles, à mon plus grand bonheur, évidemment. Comme moi, elles pratiquent des soins de l'âme et du corps.

Au-delà du fait qu'elles sont mes filles, ce sont des énergithérapeutes en qui j'ai toute confiance. Je me rappelle qu'à l'adolescence, lorsque je leur avais appris à cuisiner, elles avaient laissé se développer leur imagination et leur créativité, enrichissant le modèle que je leur avais donné. Il en est de même dans ce domaine, bien que je n'aie rien eu à leur *apprendre*, seulement à réveiller ! Leurs séances sont en parfaite harmonie avec les miennes. Nous travaillons toutes les trois en équipe. Leurs conseils et leur aide, pour l'écriture de ce livre, me furent infiniment précieux. Il leur doit beaucoup.

Et cela se poursuit à la génération suivante. J'ai déjà parlé de l'incroyable ouverture de conscience de ma petite-fille, qui nous émerveille sans cesse. Au travers de ce qu'elle nous raconte, nous savons que lorsque sa structure énergétique le lui permettra, elle aura elle aussi si elle le souhaite la capacité d'être passeuse d'âmes. La relève est assurée !

Transgénérationnel karmique

Bien des peuples autochtones ont su conserver leur savoir ancestral. C'est une source de connaissance très précieuse, restée intacte malgré les colonisations et l'impact massif des religions. Pour certains, la réincarnation va de soi, mais ils l'envisagent uniquement au sein de l'arbre familial. Les retours se font dans une seule et même famille : pour eux, un nouveau-né peut être son propre trisaïeul. Cette vision ouvre une porte nouvelle sur la multidimension et la transincarnation.

Après de nombreux échanges avec Clara, j'en suis venue à envisager comme elle la possibilité du phénomène de réincarnation systématique dans les mêmes lignées, *mais avec plusieurs arbres généalogiques concomitants,* dans différents lieux sur la Terre, que nous retrouvons au fil des âges.

Nous renaissons peut-être effectivement toujours dans la même famille, à la nuance près que nous avons plusieurs familles différentes dans lesquelles nous nous réincarnons de par le monde. Le manège se démultiplie : la petite fille (que je suis) sur son cheval aurait sa propre lignée, et le petit garçon (que je suis aussi) sur la licorne voisine, a la sienne également, mais dans un autre continent, ainsi que tous les autres occupants du manège (qui sont eux aussi d'autres « moi »)...

C'est vertigineux.

Par exemple, toutes mes vies européennes appartiendraient ainsi à un seul et même arbre généalogique que j'aurais parcouru de nombreuses fois, tantôt en étant ma propre arrière-grand-mère (ce que j'ai retrouvé il y a peu), tantôt le fils de mes enfants, ou, autre configuration, dans le même rôle que cette fois-ci, avec les mêmes protagonistes. Comme dans l'incarnation du XIIe siècle où nous étions mes filles, mon ex-mari et moi, une famille de guérisseurs vivant dans la forêt.

Pour illustrer ceci, voici un autre exemple. J'ai reçu une jeune femme venant de découvrir en travaillant avec sa psychothérapeute que la tristesse qu'elle portait était celle d'une ancêtre de son arbre généalogique. Cette famille abritait un secret, protégeant le fait que celle-ci était morte des suites d'un inceste. Ce qui résonnait très fort en elle, et lui permit de se libérer de ce poids.

Le transgénérationnel éclaire nos difficultés sous un nouvel angle, qui s'avère très performant. Ce qui aide plus encore, c'est d'avoir l'information comme ce fut le cas dans notre séance, qu'elle était la réincarnation de cette ancêtre.

Connaître l'origine, la racine, de nos traumatismes nous permet de passer à l'action. Nous pouvons sortir de l'état de victime puisqu'il devient clair que nous ne portons plus le fardeau de notre ascendant, mais *le nôtre*! C'est une responsabilisation qui nous mène beaucoup plus vite à l'autonomie et à l'acceptation.

Nous sommes revenus nous libérer du drame que nous avions vécu autrefois dans notre arbre.

Dans le même domaine, j'ai l'intuition que dans la configuration du « syndrome du gisant » mis en lumière par le Dr Salomon Sellam – il y a une abondante littérature à ce sujet ; je vais juste indiquer que dans cette situation nous sommes comme « habités » par un ancêtre décédé qui nous empêche de vivre –, le défunt, là aussi, est bien nous, cherchant réparation du passé en ayant repris un nouveau corps pour mener à bien notre programme.

Pour reprendre mon exemple personnel, toutes mes incarnations sur d'autres continents – comme celle du sâdhu que j'avais rencontré dans un village d'Inde (dont je parle dans le chapitre « Manège ») – possèdent elles aussi leur propre arbre. Arbre dans lequel « je » ferai également retour régulièrement. Il en va ainsi pour tous les différents espaces ou territoires dans lesquels j'ai pu avoir la chance de me voir projetée grâce aux mémoires akashiques.

Dans ce principe de transincarnation par lignées, les mêmes rôles seraient donc déclinés au travers de différents arbres généalogiques – ou arbres de vie(s) – en divers endroits de la Terre avec une multiplicité de protagonistes pour les interpréter de façon récurrente, dans des lignes de temps différentes – et simultanées – avec toujours la même âme pour chef d'orchestre.

Je le redis, c'est vertigineux...

L'accès soudain à ces autres lignées parallèles à laquelle appartient la même conscience dévoile alors les choses sous un jour nouveau, qui pour notre moi actuel s'avère parfois très exotique, et focalise certainement mieux notre attention. « Au fond de l'inconnu pour trouver du nouveau », dirait encore Baudelaire.

C'est peut-être de cette façon que la prise de conscience s'en trouve tout à coup facilitée : par la révélation de ces nouvelles identités de notre âme. De même que dans la vie quotidienne on voit et comprend souvent mieux ce qui encombre l'autre plutôt que soi-même : ses errances amoureuses ou ses schémas répétitifs nous apparaissent avec clarté, nous pouvons le guider, le conseiller aisément là où nous nous trouvons nous-même embourbé ou aveuglé dans des situations pourtant miroir.

Les mémoires akashiques savent nous projeter soudain dans ce qui nous semble être au départ une altérité complète : quand les informations correspondent à une incarnation dans un arbre moins familier, car plus lointain de ce que nous considérons être notre réel, comme celle du natif amérindien Lakota que j'ai évoquée dans le chapitre « Amérindien ».

On s'affranchit ainsi de multiples façons : aussi bien par le « transgénérationnel karmique » de l'arbre de la famille actuelle, que l'on est habitué à pratiquer dans la même région du monde de vie en vie, que par la sidérante découverte de celui que l'on est dans un ailleurs profond appartenant à une lignée de l'autre bout de la planète.

Intense délice des retrouvailles avec l'histoire de son âme. Comprendre enfin pour lâcher tout ce qui nous encombrait depuis si longtemps. Ou recueillir le fruit de l'expérience d'une expression de soi plus « avancée ».

Petite précision, à nouveau, pour les stellaires, ou *autres nous* des mondes lointains qui appartiennent certainement eux aussi à des lignées galactiques : ils ne sont plus assujettis à la loi du karma qui les pousserait à poursuivre le processus d'incarnation. Ils reviennent par choix, non plus pour apprendre des leçons, mais pour aider les autres à faire ce qu'ils ont déjà effectué eux-mêmes, sur Terre ou ailleurs.

Pour terminer, j'aime cette hypothèse de retour dans les mêmes lignées, car elle supprime le côté aléatoire de l'idée qu'il fallait à l'âme trouver un nouveau corps dans une famille correspondant à ses propres traumas, un clan qui puisse résonner avec ce qui avait déjà été traversé lors des vies précédentes.

L'écho est ici direct puisque c'est sa propre famille ; tout y vibre avec une parfaite cohérence.

C'est plus simple et nettement plus logique !

Les lois cosmiques sont impeccablement logiques, et non implacablement comme on le croit souvent à tort.

Animaux

À l'instant précis, en ce dimanche de mai 2021, où je m'apprête à commencer l'écriture du dernier texte de ce livre – intitulé « Animaux » mais dans lequel je savais que je parlerais des chats –, je reçois une vidéo de mon cher ami et éditeur Tigrane Hadengue, dans laquelle, au milieu des fleurs de son joli petit jardin, on peut entendre puis découvrir Grigri, en pleine négociation territoriale avec un chat voisin.

Bien qu'il ne soit pas le dernier dans la construction, je n'avais pas encore trouvé comment organiser ce texte ; je l'avais donc laissé de côté, pour la fin. Cette synchronicité me fit chaud au cœur et me parut du meilleur augure, évidemment. Comme une sorte d'encouragement, de reliance bienveillante.

Je vais parler des chats, mais je souhaite commencer par parler d'une rencontre marquante avec un beau cheval.

Il y a trois ou quatre ans, l'hiver fut marqué par un fort épisode de neige, ce qui n'est plus si courant. Étant à la campagne, j'avais décidé d'aller marcher un peu en forêt, et pour y accéder, je devais emprunter un chemin situé entre deux prés, que j'apprécie pour sa beauté. D'élégants pur-sang occupent souvent le pré de droite ; à gauche, d'autres, tout aussi magnifiques, solides comme des chevaux de labour. Tout alentour était d'un blanc immaculé. Le silence régnait. Un rêve...

Lorsque j'approchai du tournant qui mène à la forêt, je vis de loin l'un des chevaux de gauche (un percheron) se mettre en mouvement et s'approcher de moi, depuis l'extrémité du pré. J'étais seule. Je le voyais marcher lentement, en diagonale, droit sur moi. Je fus d'abord assez surprise qu'il fasse tout ce trajet, mais plus il s'approchait, plus je ressentais qu'il venait me parler. Il avait manifestement quelque chose à me dire.

J'étais très émue. Je sentais une vibration sacrée dans la présence de ce grand être à la robe brune se détachant sur le champ de neige, imposant par sa taille et par son énergie puissante, qui me regardait droit dans les yeux comme s'il sondait mon âme. La gratitude pour cet instant m'inonda.

Il s'arrêta tout près de moi, au bord de la clôture. Hocha la tête. Je pouvais à peine respirer tant j'attendais son message.

J'avais assisté l'été précédent à une scène très touchante.

Le chien du compagnon de ma sœur, un tout jeune Jack Russel, s'était glissé sous cette clôture et avait couru jusqu'au groupe de chevaux paissant tranquillement à l'ombre des arbres. Nous étions un peu inquiets à l'idée qu'il reçoive un coup de pied, mais ce cheval, précisément, s'était détaché du groupe et s'était posté au-dessus du minuscule petit être. Ils étaient restés ainsi plusieurs longues minutes à communiquer ensemble, l'un face à l'autre, dans cette différence de taille invraisemblable. Le tout-petit, la tête levée très haut vers le grand, jappait de tout son cœur, tandis que l'autre, l'immense, l'écoutait sans un mot. Cela avait été une très belle scène. Cette fois, c'était mon tour. J'espérais tellement entendre cet être de sagesse et d'amour.

Mais je n'entendis rien. Silence total. Je n'arrivais pas à ouvrir mon canal. Malgré tous mes efforts, aucun contact n'était possible, alors que *je voyais et ressentais* qu'il me parlait...

J'avais souvent déjà communiqué par courts messages télépathiques avec des animaux, mais seulement avec les miens, avec mes chats. Quelle déception. J'étais tellement navrée. Je le lui dis à voix haute. Il hocha plusieurs fois la tête en clignant les yeux, souffla très fort, ce que je compris être sa manière de me saluer, fit demi-tour et s'éloigna lentement.

Désolée d'être incapable d'un lien avec un beau cheval se déplaçant pour me voir, ou encore avec la mésange et les merles de ma petite terrasse, je pris enfin la décision de m'inscrire à un stage de communication animale. J'ai toujours su que les animaux sont là pour nous aider à évoluer, il était temps de recevoir leur enseignement en direct.

Il s'avéra que je me trompai à l'inscription ; je participai à un stage d'une tout autre thématique... Je ne vais pas raconter ici ma relation d'amour avec mes chats et ceux de mes filles, qui demeure donc très réduite en termes de messages profonds. Mais je vais laisser la parole à une spécialiste.

Parmi les animaux, certains, comme chez les humains, abritent une conscience de maître. Pour notre plus grand bonheur nous avons toujours été guidées vers ces êtres, qu'ils se soient incarnés en chats siamois, burmeses, ou abyssins. Je précise qu'il y a des êtres exceptionnels dans toutes les espèces et dans toutes les races ; la conscience n'a rien à voir avec le pedigree, même le plus haut de gamme.

Je ne reçois pas directement de longs messages, certes, mais je ressens vibratoirement à quel point ces êtres sont magnifiques. Vivre en leur compagnie comme ce fut le cas très longtemps, ou les voir quand je vais chez mes filles ou que je les garde chez moi, est d'une richesse infinie. Ce sont des trésors.

Lors de l'un de ces dîners si agréables chez nos éditeurs, ma rencontre avec Peggy Reboul, autrice de *Consciences animales*, initia des séances exceptionnelles. Mes filles fonctionnèrent avec elle sur le principe de l'échange de séances. Elles lui demandèrent de leur transmettre ce que leurs chats bien-aimés avaient à leur dire. Si elles confirmèrent ce que nous savions intuitivement, ces communications furent, par la précision, la profondeur et la beauté des informations révélées, un véritable baume pour le cœur.

Hina, la petite chatte burmese de Clara et son frère Ulysse, dont Laura était la gardienne, vécurent longtemps avec nous : ce furent dix-neuf ans et demi d'amour inconditionnel et de soutien permanent. Ils incarnaient comme nous le ressentions des consciences incroyablement évoluées, exactement comme le sage Lorca, siamois de mon ex-mari. Ulysse indiqua à Peggy que le chat a le pouvoir et le rôle de se métamorphoser, de proposer son corps et sa matière à de grands esprits. « Ne me considère pas comme une personne. Je ne suis pas plus un chat qu'un humain, je suis l'esprit. »

Il expliqua aussi que le chat est pour notre famille un animal totem depuis très longtemps qui nous sert de support et de mise en lien avec les âmes, pour soigner. Ceci se voit confirmé par le fait que, bien que je n'aie plus de chat, celui de mes voisines, une chatte européenne, vient régulièrement accompagner mes séances. Et ceci, toujours très à propos !

Après quelques années de deuil de sa merveilleuse petite Hina, Clara eut le bonheur de faire la rencontre d'un abyssin, qu'elle nomma Or (Lumière en hébreu). Les abyssins sont les chats que l'on voit au musée du Caire : très fins, les membres très longs, et de très grandes oreilles pointues. Les anciens Égyptiens les vénéraient en tant que communicants des peuples des étoiles. La déesse Bastet en est un exemple.

Elle fut comme appelée par cet être si particulier aux deux petits points de lumière sous les yeux, écho exact à son maquillage, signe de reconnaissance entre eux. Ce chat exceptionnel, dont nous nous amusions à dire que son « déguisement de chat » laissait aisément transparaître sa singularité si peu terrestre, fit passer un message qui ne nous surprit pas : « Je suis celui qui relie l'humain à ses origines, à l'essence de son être profond, mais aussi à la Source. Ne me considère pas comme un être galactique, ce serait bien trop réducteur. Je ne viens pas d'une planète. Je suis un être multidimensionnel, un être voyageur, je voyage dans le temps, à travers les lieux et aussi les âmes des gens ; comme toi qui viens des étoiles, je suis partout, et nous ouvrons les registres akashiques ensemble, de toute éternité. »

Il dit encore qu'il est issu de la même cellule souche que Clara, qu'ils ne peuvent être séparés, et que sa santé et la sienne sont liées. Ce côté indissociable entre eux, ma fille l'avait déjà exprimé de nombreuses fois : nous avions désormais accès à l'explication détaillée. Or et elles travaillent donc de concert tous les deux où qu'ils soient depuis toujours : c'est aussi l'un de ses guides, qu'elle a la chance de voir en chair et en os. Il la rééquilibre en lui faisant de l'imposition des pattes sur la tête ou le troisième œil après chacune des séances de soin qu'elle donne, c'est très frappant ! Il transmute ce qu'elle traverse sur tous les plans. Comme je l'ai dit plus haut, et c'est important de le souligner, la lignée génétique n'explique pas à elle seule les caractéristiques exceptionnelles de cet être magnifique : sa sœur de portée, une pure abyssine elle aussi, en est à sa première incarnation. C'est une toute jeune âme qui a tout à apprendre.

Pour Laura, qui, après Ulysse, n'avait pas encore rencontré de chat avec qui elle souhaitait reconstruire une relation, sa sœur trouva Pacôme. Autre superbe abyssin, Pacôme passa deux ans en cage en tant que chat reproducteur. « Vous les humains cherchez à domestiquer ce qui n'est pas domesticable. Nous sommes des êtres purs et authentiques et vous avez beaucoup de mal à nous voir en dehors de notre apparence. » Il souffre du fait que l'humain soit si peu éveillé et si peu spirituel. Pourtant, au quotidien, ce chat rayonne de bonté et d'amour. Il émeut chacun par son incroyable tendresse.

Pacôme dit à Peggy que contrairement aux autres félins de la famille, il se considère bien comme un chat, mais explique aussi que ses oreilles sont des capteurs pour recevoir les informations venant d'autres plans. « Les abyssins sont en lien avec les consciences d'autres mondes qui œuvrent pour l'élévation des humains. ». Il est impatient à cause de la lenteur des humains à bouger. Il souhaite que les choses s'accélèrent et que nous passions à la vitesse supérieure. Il est très impliqué dans le changement planétaire inter-espèce qui doit se mettre en place.

Pacôme a lui aussi la capacité de nettoyer et transmuter les peurs, les émotions qui s'enkystent et se cristallisent dans les corps subtils puis dans le corps physique.

Très intéressé par les soins de Laura, il l'aide à travailler, comme Or le fait à sa manière avec Clara. L'une de ses patientes lui fit ce retour, en fin de séance : « Vous n'allez pas me croire, mais j'ai vu votre chat avec une charlotte sur la tête, et des petits instruments comme des bistouris dans les pattes ! » Cette opération subtile de Pacôme nous fit bien rire ! De même, lors de séances en distanciel de Clara, plusieurs patients lui décrivirent (alors qu'ils avaient les yeux fermés et n'avaient eu aucun accès à Or) : « Un chat roux qui les regarde intensément, très bienveillant, un chat sacré qui vient du cosmos, un être de lumière. »

Lorsqu'il m'arrive de garder Pacôme et de faire des séances chez ma fille, je vois bien combien sa présence aimante et guérissante peut bouleverser, même ceux qui n'aiment pas trop les chats.

Pour clore ce chapitre avec lui, je voudrais raconter une autre anecdote de guérison féline : ma petite-fille s'était cogné la tête et pleurait dans les bras de sa maman, sur le canapé. Pacôme accourut depuis le fond de l'appartement pour se coller à elles. Soudain, Irina se redressa et dit : « Il a caressé mon front avec sa patte ! Je l'ai senti, il m'a soignée ! » Elle n'avait plus mal du tout. Le chat n'avait pas bougé d'un centimètre...

Couple

L'autre est notre miroir, entend-on dire souvent; il est celui par lequel nous pouvons *voir* ce qui en nous n'est pas aligné. L'espace du couple est vraiment formateur, car confrontant au jour le jour, mais les aménagements, ajustements, et accommodements divers ne sont pas suffisants pour nous permettre une vraie transformation. Encore moins les compromis, dans lesquels nous laissons une part de notre âme. Il est donc raisonnable de se faire aider pour comprendre ce qui doit être libéré: au cœur de la relation à deux se joue pour une bonne part notre programme karmique.

La liberté est à ce prix, sans doute.

Nous sommes nombreuses et nombreux aujourd'hui à avoir franchi cette étape, et c'est tant mieux. Il est tellement important de se respecter, et de ne pas choisir quelqu'un ou rester avec lui par peur de nos fragilités.

La force du féminin, longtemps étouffée, est en train de renaître. Nous recontactons tous et toutes cette puissance à l'origine du profond changement de conscience qui voit le jour actuellement. Je n'évoque pas le fait d'être une femme ou non. Ni la question de la sexualité, ou celle du genre.

Je parle d'autre chose.

Je me réfère à la puissance du féminin sacré : celui qui est recelé et qui peut être animé – une véritable force d'attraction. Le féminin sacré magnétise à lui : *il ne lutte pas s'il ne subit plus.*

Cette attractivité merveilleuse est l'incommensurable puissance du yin de la Terre-mère lovée dans chacun de nos ventres. C'est la capacité à être fécondé(e) par la force cosmique du yang, à l'accueillir et à créer la vie. À la faire fructifier, la nourrir, la porter, la faire circuler au cœur de nous-mêmes, et à la soigner, la chérir, l'accompagner, instinctivement, intuitivement aussi.

Je ne parle pas non plus du fait d'être mère ou de ne pas l'être.

J'insiste simplement sur l'élan de vie en nous, qui nous permet de croître et d'être au monde, de créer sur tous les plans, dans le visible ou l'invisible.

Ce que j'évoque, c'est l'équilibre de nos polarités : chaque corps a été créé à partir d'un ovule et d'un spermatozoïde. Chacun de nous ayant pris chair – quel que soit son corps d'incarnation au sens biologique – contient en soi féminin et masculin sacrés, Yin et Yang, puissances tellurique et cosmique réunies. Double plénitude à réveiller, dans la matière.

À épanouir ici-bas.

Nous passons dans un cycle qui sera bien davantage régi par les valeurs du Yin, du féminin. De nombreux êtres sont en recherche d'un ou une partenaire qui soit leur égal(e) ; quelle que soit sa polarité physiologique, il ne s'agit plus de craindre son propre féminin, mais de le respecter en soi-même et en l'autre. La peur d'exprimer émotions ou sentiments disparaît peu à peu. Nous nous réalignons en nous harmonisant de l'intérieur, en nous réconciliant avec nous-même : en faisant la paix avec les deux forces qui régissent toute vie. Ce Yin et ce Yang qui circulent en chacun de nous, pour nous faire exister dans le monde physique.

Si le féminin sacré reprend sa place, c'est parce que le masculin sacré est lui aussi reconnu, dans son infinie douceur et dans la puissance de son amour.

La reconnaissance de notre double lumière intérieure, l'obscurité du Yin et la clarté du Yang merveilleusement enlacées, la redécouverte de notre puissance de guérison et de notre souveraineté sont en train d'émerger. La force du féminin, la force de la Terre-mère va s'autoriser à rayonner de plus en plus loin.

Les unions se formeront sur une relation de partenariat assumée. Nous sommes venus pour évoluer. Le domaine amoureux est sans doute l'un des terrains les plus riches pour se perfectionner. L'amour au sein d'un couple, la chaleur, l'intimité, la sécurité qu'il nous offre permettent au meilleur de germer.

Lorsque la relation à soi-même est désencombrée, purifiée de toutes ses strates ennemies qui combattaient sans fin, elle trouve en écho un autre type de lien. Cette nouvelle relation à l'autre est celle qui nous relie à la plus haute expression de nous-même. Celle qui permet de donner. De se donner à soi-même pour oser se donner à l'autre sans se perdre.

De recevoir, ainsi. De rejoindre une qualité vibratoire qui rappelle celle des plans supérieurs.

Compagnons de vie, compagnons d'âmes.

Faire route avec soi-même, c'est s'autoriser à la véritable présence : faire corps.

Abandonner la quête pour être avec soi.

Abandonner la quête de l'autre, parce qu'on se croit à tort incomplet(e). Ne plus être dans le manque qui cherche à combler. Ne plus demander à l'extérieur d'étancher notre soif intérieure. Être plein(e) de soi-même, c'est s'accorder avec soi. Et s'accorder au même instant de découvrir l'autre dans sa richesse. C'est pouvoir faire route avec l'autre, sans peur, en l'autorisant à se reconnaître et à nous montrer qui il ou elle est vraiment.

Deux êtres en présence l'un de l'autre.

Qui font corps.

Traversés de vie pour traverser la vie.

Corps et âmes.

Est-il plus beau qu'un bel amour ?

Mères

Au début des années 2000, je vécus une expérience absolument exceptionnelle. Pourtant, si je compris immédiatement la valeur de sa dimension collective, je mis très longtemps à me l'approprier.

J'avais déjà effectué plusieurs séjours en Inde chez un maître spirituel auprès de qui j'avais connu *l'état d'amour*; j'avais déjà eu également à l'époque l'immense bonheur de vivre à plusieurs reprises le darshan d'Amma, la sainte indienne. Dans la tradition hindouiste, darshan signifie « vision du divin » ou « être en présence de la divinité ». Mata Amritanandamayi – ou Amma, qui veut dire Mère – est reconnue comme étant l'une des incarnations de la Mère divine. À sa manière unique, elle va plus loin dans son darshan en nous offrant davantage que la seule vision de sa personne: elle nous prend dans ses bras. À ce jour, Amma a donné sa merveilleuse étreinte maternelle à plus de trente-six millions de personnes à travers le monde.

Cette expérience est une bénédiction.

Cette fois, j'avais décidé de me rendre avec quelques amis en Allemagne, auprès de Mère Meera, une autre Mère divine dont je venais de découvrir l'existence. Une autre Mère, qui nous fait elle aussi le don de l'amour, de la lumière et de la grâce. Pouvoir approcher ces grands êtres spirituels est une merveille. Les rencontres, nourries d'un profond bonheur, sont l'occasion de nous aligner avec notre âme.

Amma rayonne la joie et la vitalité. Elle nous relie puissamment au sacré durant des jours entiers dans la musique et les odeurs de nourriture indiennes, dans des salles gigantesques comprenant, en plus de l'espace pour l'attente et la méditation, et l'estrade où se déroule son darshan, d'innombrables stands débordant de livres, CD, DVD, tissus, et objets variés que l'on peut acheter pour soutenir son ONG. La présence que nous accorde Mère Meera se vit dans une salle sobre de sa belle maison, dans un silence total et un grand recueillement, avec un nombre compté de participants qui se sont inscrits des mois à l'avance. Les darshans ont lieu le soir, durent deux heures, pendant trois jours de suite. Malgré ces différences de forme, la puissance de l'amour est la même, et les moments passés auprès de ces deux Mères sont également porteurs d'un puissant travail intérieur.

J'étais extrêmement émue à l'idée de rencontrer Mère Meera. Je le suis toujours quand je rencontre ces personnages exceptionnels que sont les *avatars*, ou incarnations du divin, qui nous font l'immense grâce de nous accorder leur présence, leur bénédiction et leur puissance de transformation. Une impatience de petite fille m'habitait, qui se calma bien vite dans l'atmosphère incroyablement sacrée de la pièce, et le recueillement dans lequel chacun était plongé. Je m'attendais à glisser moi aussi peu à peu en état de méditation et d'amour, et m'en délectais par avance. Mais cela n'arriva pas.

Peu après que Mère Meera eut fait son entrée et se fut installée dans son fauteuil, je sombrai contre toute attente dans la peur. Une peur intense qui ne fit qu'empirer. Je n'arrivais pas à analyser ce qui m'arrivait. J'étais dans un état de panique à l'idée de m'approcher d'elle, sachant que cela devait immanquablement se produire, et qu'il ne m'était pas possible de le refuser. Encore moins de partir. Je restai donc ainsi plus d'une heure, le souffle coupé par l'angoisse. (À l'époque, chacun se levait suivant son intuition, son impulsion, ou selon l'appel intérieur qu'elle nous faisait parvenir : il n'y avait pas d'ordre imposé.) Incapable de bouger par moi-même, je vis soudain que mes amis se levaient pour s'insérer dans la file menant à son fauteuil, et je compris que je devais impérativement les rejoindre.

J'en tremblais. Comme si j'allais au-devant d'une punition terrible, comme si ce maître spirituel porteur de toute la connaissance allait me condamner. Me châtier. Me rejeter violemment. Ou, aussi grave, m'ignorer. Sentiment effroyable de ne pas *mériter* d'être là.

Je ne sais plus comment je réussis à parvenir auprès d'elle, mais je me rappelle que, dans un état second, mon cœur battait la chamade. J'avais envie de pleurer tellement j'avais peur.

Selon le rituel, je m'approchai d'elle à genoux et me prosternai, plaçant les mains dans les plis de son sari, à côté de ses pieds, tandis qu'elle posait ses doigts légers sur ma tête. Lorsqu'elle les retira, je me redressai.

Assise sur mes talons, je relevai la tête pour recevoir l'offrande de son regard. Ce que je vis alors continue à m'habiter, tant d'années après. Ce moment, point culminant du darshan, dure environ trente secondes; quarante-cinq « si nous avons de la chance », ou si Mère Meera a quelque chose de particulier à nous faire comprendre. J'eus l'impression qu'il durait des heures. Je la regardais, et tout bascula.

Son regard de feu me sondait.

Je voyais devant moi la Mère Divine, enchâssée dans son sari précieux, tel un joyau du ciel déposé sur la Terre.

Mystère inaccessible. Énigme. Transcendance.

Mon cerveau s'arrêta.

Soudain, l'inconcevable eut lieu.

Dans un ralenti extrême, son visage s'effaça, s'estompa, et, glissant vers la droite, fut remplacé par un autre.

Le mien...

Sidérée, je contemplais ce qu'elle me montrait.

Ce qu'elle voulait me faire comprendre.

Sur les épaules de Mère Meera, sur son sari de soie et d'or, ma tête était posée, qui remplaçait la sienne.

Je voyais mon visage.

Je me regardais.

Je dus me relever car on me faisait signe. Je regagnai ma chaise, profondément troublée. Je passai l'heure suivante à assimiler son message. Tranquillement, lentement, tellement attentivement, elle m'avait donné une leçon magistrale.

Nous sommes à son image.
À l'image du divin.
Au plus profond de notre être, *nous sommes divins*.
Une étincelle de lumière, émanée de la Source.
Avec une infinie générosité, la grande Mère me rassurait.
Me rappelait mon essence.
Il m'était alors impossible de m'attribuer ce que je considérais comme un hommage invraisemblable, s'il m'était adressé.
Je décidai donc qu'il concernait l'ensemble.
Ce qui, aussi, est la vérité.
Durant des années, chaque fois que ce moment initiatique se rappelait à moi, je le rapportais à la collectivité, à l'humanité, sachant pourtant que cette apparente compréhension empathique dissimulait une fuite. La fuite de moi-même. L'incapacité à installer en moi ce que mon intellect avait compris tout de suite.
Je ne me sentais pas digne.

D'autres darshans se succédèrent, au fil du temps.
La peur ne revint pas. Elle fut remplacée par un amour immense, face au regard flamboyant qui ouvre nos cœurs à l'infini. Avec Mère Meera, comme avec Amma, ou Marie lorsque nous sommes à Lourdes, tout est simple. Il n'y a rien à vouloir. Il s'agit simplement de ne pas résister. D'enlever nos protections.

Curieusement, malgré l'intense travail personnel effectué pendant des années, le cadeau de Mère Meera ne trouvait pas sa place. Malgré la reconnaissance de moi-même que j'avais fini par atteindre, il me semblait toujours trop beau. C'était une sorte d'accord intellectuel : je comprenais son message, mais ne pouvais aller plus loin.

Il me fallut pour cela arriver à la libération du lien toxique avec ma mère. Un jour, notre relation s'inversa.

Dans un positionnement implacable, je pus enfin m'affirmer pleinement, sans reculer d'un pouce. Les détails importent peu. Ce que je souhaite dire, c'est que l'on peut se libérer de l'emprise psychique, aussi redoutable soit-elle. Si nous sommes sous emprise, c'est que nous devions le travailler.

S'en libérer, aussi difficile soit-il, c'est ce que nous devons faire.

Ce que je découvris fut majeur.

Peu après cette prise de position, j'eus une révélation. Je compris, ou plutôt ressentis énergétiquement, la fantastique puissance que m'avait demandée mon incarnation. Avec stupéfaction, je pris la mesure du courage que j'avais dû déployer pour ne pas me laisser écraser par l'effroyable rouleau compresseur de cette énergie de domination. Je pris conscience de ma force, en tant que constituant primordial m'appartenant depuis la nuit des temps. Force de résistance, mais aussi force de vie, malgré une part de moi-même que je n'avais pas laissé émerger. *M'être crue impuissante était une illusion.*

Chaque être humain est détenteur d'un pouvoir considérable, qui dépasse de loin ce qu'il imagine. Nous devons désactiver le programme qui nous fait croire le contraire.

Ne laisser personne nous manipuler.

La joie m'envahit peu à peu.

Pétillement cellulaire...

Une onde empreinte d'une intense reconnaissance s'installa dans mon corps. Occupant chaque espace. Je pus voir dans tout son déploiement la grandeur de mon être intérieur.

J'avais réussi.

Je voyais qu'après tellement d'efforts durant tellement d'années, cette totale affirmation de moi-même m'avait permis de finaliser mon plan d'incarnation.

J'étais libre.

Alors que, enveloppée de lumière, je vivais pleinement cette alchimisation vibratoire, le souvenir de ce que Mère Meera – maître révélé, rayonnement du divin sur la Terre au milieu des humains, mais aussi figure de la *mère* –, avait voulu me faire comprendre bien des années plus tôt s'invita.

Tout s'éclaira. La résurgence de mes terreurs d'enfance face à l'autorité de ma propre mère : voilà ce qui avait brouillé le message. C'est pourquoi je n'étais jamais parvenue à recevoir le cadeau qui m'était adressé.

Avec une grande douceur, je vis de nouveau son visage s'effacer et le mien apparaître à la place.

Je le reçus enfin, en plein cœur.

La paix descendit en moi.

Je voyais Qui je suis.

Mes toutes petites

Irina, ma jolie.

Tu as grandi, et certains jours, en ce printemps, tu deviens Rose, c'en est impressionnant. Pour un court instant, parfois pour plus longtemps, la voilà revenue, car tu lui prêtes tes traits.

Comme une boucle se referme, comme un cercle se clôt, comme un cycle s'achève, te voilà de nouveau parmi nous, petite Rose du passé. Au présent.

Le temps s'inverse. Il a coulé sans toi pendant quarante-quatre ans, et pourtant tu es là. Dans ces moments précieux, tu « recouvres » Irina. Tu l'habites.

Elle marche, parle, s'assied dans son fauteuil. Elle me regarde, et vous êtes toutes deux devant moi. Mes toutes petites.

Superposition. Surimpression, plutôt.

Parenthèse d'exception.

Deux amies malicieuses, deux complices, deux petites magiciennes qui s'amusent avec l'espace et le temps, et nous offrent un spectacle, si tendre et merveilleux.

Mes prestidigitatrices...

Avec une immense gratitude, je t'observe en silence, Irina.

Petit trésor. Toi dont le nom veut dire Paix, tu l'as déposée en nos cœurs. Ta maman et ta tante peuvent voir leur grande sœur autrement qu'en photo. Tellement émus, tes grands-parents ont le bonheur infime, quelques fuyantes minutes, de retrouver leur fille. Par toi, notre famille accède au mystère de la grâce.

Je pense à ma grand-mère et à son cher bon Dieu.

Je me dis que je suis bénie.

Que nous sommes bénis.

Merci pour ce cadeau.

CONCLUSION

Nous n'écrivons pas pour nos détracteurs qui, en règle générale, ne nous lisent jamais. En revanche, ceux à qui nous destinons nos ouvrages les reçoivent parfois « avec l'aide du ciel ».

Rien ne me fait plus plaisir que ces rendez-vous insolites.

Que de fois mes livres précédents sont-ils « tombés du rayon » de la librairie pour atterrir près des pieds de celui qu'ils souhaitaient rencontrer ? Que de fois se sont-ils glissés subrepticement dans une pile pour être découverts à la caisse au moment de payer ? Que de fois m'a-t-on raconté la même histoire : « Votre livre dépassait de l'étagère, j'ai été comme "orienté" pour le prendre ! », « Mes mains ont été guidées jusqu'à lui dans les rayons d'une médiathèque ».

Une seule fois, en revanche, mais la chose est si belle, il me fut dit : « Un ange le déposa dans mes mains. »

Que de fois ai-je entendu encore : « En posant ma main sur ce livre, j'ai eu des frissons ! » Ou le cœur qui bat, des tremblements, des picotements, des fourmillements, et quantité d'autres symptômes.

Il est clair pour moi que ces rencontres sont orchestrées par les guides, puisque la suite de l'histoire est la même : « Il me fallait le lire, et vous rencontrer ! »

L'histoire qui me touche le plus est celle d'une jeune femme belge qui se réveilla au cœur de la nuit avec deux mots flamands dans la tête : « bezeurde ziel ». Mais voilà, elle est francophone. Alors elle chercha sur Google Traduction et obtint la réponse : « âme blessée ». En cherchant plus encore, elle découvrit mon livre, *Splendeur des âmes blessées*, qui la mena à moi.

Elle venait de perdre son compagnon.

Nous, auteurs « du troisième type », sommes secondés par de merveilleux partenaires.

Car au-delà de l'anecdote, toutes ces personnes avaient un rendez-vous particulier, essentiel, avec ceux qui nous soufflent l'écriture de nos livres, et œuvrent dans nos séances.

Les grands de l'invisible, les êtres de bonté qui aident l'humanité. Qui l'enseignent. La soignent.

Lui permettent de grandir.

Nous sommes là, avec eux, pour accompagner la traversée.

Comme tant d'autres, j'ai choisi d'aider ceux qui viennent me voir à trouver leur propre lumière, à donner plus de sens à leur vie, à occuper leur juste place. Puisse ce nouveau livre se faire le même messager que les précédents auprès de ceux qui sont dans la peine, ou de ceux qui sentent bien que le champ des possibles est plus vaste que ce qu'on leur a raconté.

Tout au long de ces pages, il me semble avoir tout dit de ce qui fait écho en moi. Je vais donc être brève.

Seulement insister une fois encore sur l'absolue nécessité de nous libérer de la souffrance, mais aussi d'un certain attachement à cette souffrance, qui nous permit si longtemps d'exister. Il est aujourd'hui tant de thérapies rapides et efficaces.

Rappeler aussi que chacun d'entre nous est précieux pour la Terre. Que nous devons faire en sorte de le devenir plus encore.

Il est temps que la violence cesse, que les cœurs s'apaisent, que la tristesse se dissolve. Nous devons aider à ce nettoyage collectif, nous sommes là pour le faire. Nous sommes venus affranchir notre belle planète de la gangue sombre qui l'englue, celle de nos émotions denses, pesantes, que l'on peut observer en méditation dès que l'on s'élève un peu et que se dévoile le cosmos.

Car ce que l'on découvre, et la tristesse nous étreint, c'est notre perle bleue qui étouffe.

Il est certain cependant que beaucoup se libère. Des changements inespérés voient le jour. Les secrets ne pourront plus régner longtemps en cette nouvelle ère qui commence. Des sujets longtemps occultés sortent au grand jour. Les abus de pouvoir commencent à être dénoncés. Les victimes à être écoutées.

Dans la sphère quotidienne, beaucoup ont fait des choix. Ils posent des actes concrets, en accord avec leurs valeurs, qui vont du changement de banque à la résolution de ne plus boire d'eau en bouteille de plastique, en passant par la décision de ne plus vivre en ville. Ces changements ne sont pas de « petites choses », ils sont au contraire d'une grande importance, et s'amplifient de jour en jour. Ceux qui agissent ainsi ont le sentiment d'être cohérents : c'est un accomplissement qui les mène à une forme de paix intérieure. Avant tout, c'est l'intégrité de notre conscience qui importe. Il se dit que l'humanité dans son ensemble ne sait pas faire autrement que projeter à l'extérieur d'elle-même le monde souffrant qu'elle abrite en son cœur, mais l'inverse est tout aussi vrai. Lorsque notre cœur s'apaise, nous posons des actes dont le monde ressent les bienfaits.

Participer à la création d'un monde meilleur est exaltant. À ces choix matériels, il est essentiel de faire correspondre des choix spirituels. Nous nous engageons dans un nouveau cycle. Nous ne sommes pas encore dans le temps de l'ascension mais dans celui de la mutation, qui le précède de peu. Nous nous pensons pris entre les deux grandes forces, celle de l'ombre et celle de la lumière, c'est pourquoi tout est si compliqué par de nombreux aspects.

Pour que le monde bascule, changeons. Lâchons la dualité. Constituons une chaîne de réveil. La Terre-mère a besoin de beaucoup d'êtres lumineux pour ranimer l'étincelle et entraîner une nouvelle dynamique.

N'ayons pas peur.

Coupons-nous du bruit extérieur discordant qui règne en maître et trouble tant d'esprits. Ne le laissons plus résonner avec notre dissonance intérieure.

Retrouvons la paix.

Accueillons les nouvelles énergies. Elles déferlent en masse sur le monde : joignons-nous à ce mouvement dans la joie.

Élevons en conscience nos basses vibrations pour nous ouvrir à la bénédiction d'une sagesse plus grande.

Quand nous montons en fréquence, tout s'aligne à l'intérieur de nous et alentour. Nous engageons ainsi naturellement les autres à faire de même. Il ne nous est pas demandé de combattre, mais de rayonner. Le message des guides transmis par Monique Mathieu prend ici tout son sens : « La vibration de l'amour humain peut être ressentie non seulement dans votre système solaire mais aussi bien au-delà. Rien ne freine et n'empêche l'amour humain de se propager à l'infini de la vie ! Il éclaire la matière dense, la nourrit et élève sa fréquence vibratoire. »

Le choix est nôtre. Maintenant.

Laissons notre cœur nous mener, et non notre tête.

Qu'il soit dans l'alignement des étoiles.

Que la gratitude d'être en vie nous embrase.

À chacun de nos pas, un ciel s'ouvre.

Tout est simple, finalement.

Il suffit d'aimer.

La souffrance vient de notre ignorance, disent les enseignements spirituels. Notre ignorance fut longtemps sans limite, car pour vivre nos expériences, nous avions dû voiler la connaissance qui demeure en nous depuis la nuit des temps.

L'humanité atteint le point où, après des éons d'apprentissage dans les différents mondes et la descente dans les couches les plus opaques de la matière, dans des vibrations de plus en plus lourdes qui nous ont fait perdre la mémoire de qui nous sommes vraiment, nous pouvons commencer à remonter vers la Source.

Ainsi, immensément enrichis, nous entamons le long, très long voyage de retour qui nous mènera à la fusion dans l'amour infini du divin. Nous sommes venus assister à la transition vers le nouveau monde. Mais aussi la mener.

Ne stagnons pas. Avançons.

Surtout, avançons.

L'Esprit du Ciel nous accompagne.

ANNEXE 1

Questions-Réponses

Dans l'introduction de ce livre, j'ai fait allusion aux retours des lecteurs. Ces retours, qui me font tellement chaud au cœur. Ils sont porteurs du même dessin, de la même chaleur. Les gens écrivent des choses magnifiques quand ils sont touchés... et ça fait beaucoup de bien aux auteurs.

Il en est un d'un contenu très différent, cependant, qui fut source d'une émotion particulière en raison de la deuxième phrase énoncée. Un vrai émerveillement suivit très vite. L'ouverture d'esprit de Michel, ce monsieur de quatre-vingt-cinq ans, m'a vraiment enchantée.

Si je souhaite rendre compte de cette lettre, c'est en raison des questions et des thèmes abordés, qui me paraissent relever de l'intérêt collectif. J'ai numéroté ses questions afin de permettre une lecture plus facile des réponses.

« Bonjour madame Agnès Stevenin,

Je viens de lire vos deux livres Splendeur des âmes blessées *et* De la douleur à la douceur.

Livres étonnants, dérangeants, traumatisants. J'ai découvert beaucoup de nouveautés pour moi. Je vous fais part de quelques-unes de mes interrogations.

1. *Concernant la présence du MOI dans le fœtus, certains auteurs précisent qu'il investit le corps humain seulement au quatrième mois.*
2. *Étonnant cette affirmation du corps énergétique s'en allant chaque nuit se ressourcer. Étonnant et inquiétant, cet abandon passager.*
3. *Les errants posent question : pourquoi l'Éternel permet-il ces situations ? Combien de temps vont-ils errer, s'ils ne rencontrent pas un médium ? Que font leurs guides ?*
4. *Quant au bas-astral et aux forces de l'ombre : pourquoi leurs existences ? Pourquoi l'Éternel permet-il sa réalité ? Quel lien avec la miséricorde divine et son amour absolu pour ses créatures ? Je n'arrive pas à admettre un tel comportement divin.*
5. *Les multiples MOI et les existences simultanées me laissent perturbé, abasourdi. Je n'avais jamais envisagé cette réalité.*
6. *Les végétaux, les minéraux, les animaux : votre apport m'invite à changer de comportement. Vous n'êtes pas sans savoir que l'Église a condamné l'animisme, le fait que les animaux puissent posséder une étincelle divine. Vos affirmations confirment ce que j'ai déjà lu sur ce sujet, et je suis d'accord pour admettre cette croyance.*

J'ai quatre-vingt-cinq ans et je me demande si j'ai encore un brin de mission à accomplir sur la Terre. J'ai essayé de vous le demander en pensée, je n'ai pas eu de réponse : sans doute n'ai-je pas utilisé le bon moyen de communication.

Merci des nouvelles perspectives que vous m'avez fait découvrir.

Soyez assurée de ma parfaite considération.

Michel V. »

Merci, Michel, merci de ce courrier et surtout de votre grande ouverture d'esprit. Soyez assuré que vous avez encore « un brin de mission », ne serait-ce aujourd'hui que de me permettre ce petit retour sur mon cher *Splendeur des âmes blessées* et de pouvoir donner aux lecteurs de ce nouveau livre un éclairage plus précis sur quelques notions qui y sont abordées.

À la question numéro un : *Concernant la présence du MOI dans le fœtus, certains auteurs précisent qu'il investit le corps humain seulement au quatrième mois,* voici ce que je peux vous répondre :

Oui, certains auteurs ou enseignants spirituels donnent des informations très précises en termes de dates, de durée, concernant, par exemple, l'installation du Moi dans le fœtus, l'espace entre les retours en incarnation, ou le temps qui s'écoule entre notre mort et notre montée dans les plans de lumière.

Plus j'avance, plus j'apprends. Et plus je constate que des règles précises ne sont pas ce qu'il est important de fixer. La vie est souple ; il y a bien sûr des grandes directions, comme, de notre côté de la matière, nos neuf mois de gestation. Mais en ce qui concerne la descente et la « nidation » de notre principe immatériel, éternel, il n'en va pas forcément ainsi. Tout dépend de la capacité de l'être qui s'incarne à s'harmoniser avec la matière dense, à conscientiser le fait qu'il reprend corps, et à le goûter. Il m'a semblé, au fil des séances vécues avec les futures mamans, que les expériences pouvaient différer. Je me suis rendu compte, par exemple, que lors de grossesses difficiles, douloureuses, comme dans les cas d'utérus contractile, la présence subtile de l'être en formation se situait hors du corps du bébé, bien au-delà des quatre mois cités, puisque même proche du terme il flotte au-dessus du corps de la mère pendant les crises. Inversement, il est des êtres dont l'essence, inscrite dans la chair au moment même de la conception, se déploie dans les cellules de l'embryon en toute liberté et semble y demeurer durant l'entière gestation.

Encore une fois, il y a évidemment des grandes lignes correspondant à des lois, des rythmes, des cycles. Cependant, il existe, comme dans la vie physique, des exceptions aux règles. La vie subtile, dans sa sagesse, s'adapte souplement aux circonstances qu'elle rencontre.

Question numéro deux: *Étonnant cette affirmation du corps énergétique s'en allant chaque nuit se ressourcer. Étonnant et inquiétant, cet abandon passager:*

Ne vous inquiétez pas, Michel, il n'y a pas « d'abandon » dangereux. Notre guide protège notre enveloppe corporelle pendant notre sommeil, nous laissant le bonheur de nous évader et de renouer avec les plans de lumière. De même, il nous aide au matin si besoin est, à la réintégrer.

Dans la tradition juive, la première bénédiction observée au réveil est celle que l'on nomme le « Modeh ani » (Modah si l'on est une femme) qui consiste dans le fait de réciter : « Je Te rends grâce, Roi vivant et éternel, de m'avoir, dans Ton Amour, rendu mon âme, Grande est ta fidélité ». Et cela avant même de remettre en mouvement notre corps, notre véhicule terrestre, en se levant. L'expérience de cette jouissance du corps physique que retrouve l'âme régénérée ou purifiée par la nuit se renouvelle chaque matin jusqu'à la fin de la vie, signe de la bienveillance infinie de l'invisible qui nous entoure. Comme elle est très courte, c'est aussi souvent la première prière que les enfants apprennent.

Question numéro trois : *Les errants posent question : pourquoi l'Éternel permet-il ces situations ? Combien de temps vont-ils errer, s'ils ne rencontrent pas un médium ? Que font leurs guides ?* « L'Éternel » a fait à l'être humain le don du libre arbitre. Ce don nous accompagne dans les plans de l'après-vie. Il nous permet de vivre nos expériences en posant des choix, ceci dans le but d'évoluer. Choix qui s'avéreront positifs ou bien tout le contraire, en nous faisant vivre la souffrance au lieu du bonheur des dimensions spirituelles. Mais lutter contre notre part d'ombre fait partie du chemin, et nous permet de grandir.

Si souvent, pour réussir, il aura fallu s'être trompé...

Les errants continueront donc à errer tant qu'ils le décideront, qu'ils rencontrent ou non un médium. (Car certains refusent également l'aide des passeurs.) Chacun jouit, à chaque instant, de la possibilité d'appeler ses guides, et de se faire aider. Les guides se tiennent à proximité, prêts à les aider au premier appel, mais ils respectent leur libre arbitre.

La durée de l'errance dépend de leur capacité ou plutôt de leur volonté à s'ouvrir, à accepter leur condition, et à décider de se libérer. Il est vrai que les croyances qui nous animent lors de notre vie sur Terre colorent nos comportements : notre pensée est créatrice, même en dehors du corps humain. Si nous refusons de comprendre que même « morts », nous continuons à exister, nous allons rencontrer des difficultés...

C'est pourquoi il est si important de diffuser la connaissance, comme cela se fait de plus en plus depuis plus de vingt ans, pour permettre à chacun de ne plus stagner dans l'ignorance, et de progresser.

Question numéro quatre : *Quant au bas-astral et aux forces de l'ombre : pourquoi leurs existences ? Pourquoi l'Éternel permet-il sa réalité ? Quel lien avec la miséricorde divine et son amour absolu pour ses créatures ? Je n'arrive pas à admettre un tel comportement divin....* pourrait se mettre en parallèle avec celles-ci : pourquoi le jour et la nuit ? Pourquoi le bien et le mal ?

La Terre est une planète relevant du registre de la dualité. Dans l'infinité du cosmos existent des mondes de pure lumière, dans lesquels les consciences, très évoluées, n'ont plus, comme nous, à faire l'apprentissage du choix. Elles ont en effet réussi à installer en elle l'unité. Nous n'en sommes pas encore là, loin s'en faut.

Nous devons continuer à apprendre, jour après jour, vie après vie. C'est parce que nous sommes passés par l'expérience de l'obscurité, de l'ombre, et en raison de la souffrance que nous y avons rencontrée que nous finissons par nous déterminer pour des valeurs qui ne nous forceront plus à y retomber.

La miséricorde divine et son amour absolu pour ses créatures peuvent alors être comprises comme une invitation à un enseignement et à un changement. Choisir le bien et non le mal, dans nos attitudes, nos pensées. Dans nos actes.

Cela relève entièrement de notre liberté.

Question numéro cinq : *Les multiples MOI et les existences simultanées me laissent perturbé, abasourdi. Je n'avais jamais envisagé cette réalité.*

C'est en effet la sensation qui nous habite lors de cette découverte. Le vertige, une fois enlevées nos œillères, d'appréhender l'infiniment plus vaste. Le vertige, mais en arrière-plan, une sensation de *connu* qui soulage, l'impression d'avoir toujours su...

Question numéro six : *Les végétaux, les minéraux, les animaux : votre apport m'invite à changer de comportement. Vous n'êtes pas sans savoir que l'Église a condamné l'animisme, le fait que les animaux puissent posséder une étincelle divine. Vos affirmations confirment ce que j'ai déjà lu sur ce sujet, et je suis d'accord pour admettre cette croyance.*

Bravo Michel ! Bravo de changer de comportement en dépit des condamnations de l'Église. Car ce n'est pas si facile d'oser s'extraire du dogme et de s'aventurer sur des terres inconnues. Pourtant, il suffit d'observer n'importe quel animal, de plonger notre regard au fond du sien, pour être touché, ému profondément, et se rendre compte que c'est un être d'amour. Je ne parle pas seulement de nos animaux familiers, qui auraient pu bénéficier d'un « enseignement privilégié ». Tout, dans le vivant, vibre de l'étincelle divine enchâssée au cœur de son être, que celui-ci soit minéral, végétal, animal, ou humain. Ce n'est pas parce qu'une grande partie des humains est coupée de cette dimension qu'elle n'existe pas. Plus nous nous ouvrons, plus nous expansons notre dimension du cœur, plus nous pouvons ressentir cet amour et nous unir à lui. Pour notre plus grand bien.

Je voudrais, pour terminer cet échange, ajouter quelques réflexions personnelles :

Depuis plusieurs décennies, nous avons la chance d'avoir accès à une « nouvelle » connaissance, rapportée par des milliers de personnes ayant vécu des expériences de mort imminente, qui en font des récits convergents de plus en plus détaillés. Lorsque nous comprenons enfin, grâce à leurs témoignages, grâce aussi aux enseignements spirituels (pas religieux, spirituels), que nous ne sommes pas de pauvres pêcheurs coupables et impuissants, voués à la punition après notre mort pour n'avoir pas été parfaits... mais bien des êtres responsables de nos choix, décisions, actions et orientations, tous ceux-ci étant sous-tendus par la guidance de nos âmes, *nous allons beaucoup mieux !* Nous n'avons de reproches à faire à personne, nous savons que nous ne sommes pas des victimes. Nous savons que les épreuves que nous rencontrons servent à nous transformer, à grandir, à évoluer et à devenir de meilleures personnes. Lorsque nous ne sommes plus ni dans la plainte ni dans la peur, nous retrouvons la joie de l'enfance.

La joie est le marqueur de notre juste place : si nous sommes heureux, c'est que nous sommes en accord profond avec notre âme, en harmonie avec les autres.

Lorsque nous exerçons notre propre autorité en obéissant aux lois spirituelles, notre vie prend une tout autre couleur. Là où la vie nous entraîne alors, c'est vers la réappropriation de notre souveraineté.

ANNEXE 2

Splendeur des âmes blessées, « Planètes », p. 358.

Je monte, je monte, je monte en vibration tout autant qu'en un lent déplacement vertical dont je ne sais où il va me mener.

Je décide de laisser se faire le mouvement et de m'ouvrir entièrement à ce qui veut arriver.

La montée s'interrompt.

Je me hisse comme hors d'un vasistas, sors mes bras pour m'appuyer sur mes aisselles, et m'installe.

Je regarde.

Le spectacle est grandiose.

Des planètes, énormes et d'une couleur qui ne m'est pas connue. Des planètes de couleurs inconnues devrais-je dire, car chacune a la sienne.

Nous ne sommes pas dans le système solaire, c'est évident.

Je vois que sur la planète la plus proche une lumière s'allume, blanche étincelle clignotant doucement.

Elle résonne dans mon cœur. Elle m'appelle.

Je réponds.

Puis une autre lumière, sur une autre planète.

Le collier que forme cette dizaine d'immenses boules colorées réagit. Sur chacune d'entre elles, une étincelle s'allume et répond à l'ensemble, entrant dans la conversation, comme un dialogue d'oiseaux du printemps.

Mon cœur vibre à chaque nouvelle étincelle, je prends conscience que je fais partie de la chaîne, mais, bien plus, que chaque étincelle de lumière sur chaque planète est une forme de moi.

Avec exaltation, je me rappelle.
Rien n'est séparé.
Même si tout en bas, très loin, sur la Terre, nous avons l'impression d'être isolés, séparés, donc uniques, il n'en est rien.
En de nombreux lieux, nous existons, dans une version chaque fois différente de nous-mêmes.

Ailleurs, pas si loin finalement, puisqu'il suffit de s'élever un court instant, tout communique.

Tout communique.

Avec une intense émotion, peut-être celle de l'enfant qui se croyait perdu car sa famille s'était cachée pour jouer, je me retrouve.

ANNEXE 3

Splendeur des âmes blessées, « La Source », p. 377.

Je marche, sur une route immense.

Tout à la fois, je vois cette route de haut : en fait je la survole, et j'observe que j'en suis au dernier tiers.

Je suis seule.

Il n'y a que la route.

Rien autour.

Pas de paysage, pas de campagne, pas de mer.

Un ruban argenté, en équilibre dans le rien argenté. Mais le tiers qu'il me reste à parcourir me mènera vers la Source.

Un disque de lumière pure, surdimensionné, dont émane la puissance d'un amour insensé m'attend là-bas, au fond, depuis la nuit des temps. Sans aucune impatience.

Seulement la force de cet amour qui m'embrase, et m'attend.

Splendeur.

Tout est fondu dans la couleur argentée.

Sauf le disque géant de l'or le plus pur, qui irradie, rayonne.

Et m'attend.

Je chemine sur ma route, vers la Source qui m'attend.
Depuis la nuit des temps.
Parfois c'est facile.
Parfois non.

Je suis seule.
Je chemine lentement vers la Source.

Ce chemin vers la lumière, ce retour à la lumière, c'est seul, guidé par elle, que nous l'accomplissons.

Mystère.
Insondable, absolu mystère.

J'entends dans mon cœur une sublime musique.
Lente, somptueuse, majestueuse, elle se déroule au rythme de mes pas. Je suis emportée, dans un éblouissement des sens, de l'être. Je me perds.
Je m'oublie.
Pour mieux me fondre.

Vivre enfin cet amour.
L'énergie divine se déversant en moi.
À profusion.
Connaître cet état, au cœur de mon être.

Amour incommensurable, inconnu, plénitude de l'âme et du corps, onde magnifique qui m'enveloppe, me traverse, m'élève, m'emporte.

Puis me dépose, sans souffle, sur les rivages de l'extase.

Tête à tête initié il y a des milliers de millénaires.

Relation unique, ineffable, vibrant dans l'insondable silence de notre être. Le Créateur, face à sa créature.

Le principe suprême et sa manifestation.

J'avance, devenue douceur arc-en-ciel sur ma route argentée, et je ne vois que Toi.

ANNEXE 4

Splendeur des âmes blessées, « Sâdhu », p. 302

Il est des rencontres qui sont des brûlures.
Il est des flammes qui ne s'éteignent pas.

Pendant plusieurs années, je suis allée en Inde, chercher l'amour et la vérité. Lors du premier voyage, il me fut donné de vivre quelques minutes qui figurent parmi celles que notre mémoire grave dans l'or le plus pur.

Nous marchions dans une ruelle, quand apparut devant nous un être hors du commun. Une image d'Épinal, en même temps. Un vieil homme à la peau sombre, d'une noblesse naturelle saisissante, très grand, très droit, vêtu seulement d'un pagne et d'un turban qui avaient dû être blancs. D'une maigreur incroyable. Un long bâton à la main. La barbe blanche de ceux qui ont vécu longtemps. Le regard extraordinairement brillant d'un aveugle, et le visage radieux. Immobile.

Complètement silencieux.

Il émanait de lui le plus grand dénuement.

Cet être était un sage, dans l'habit du mendiant.

Un *sâdhu*.

La force qui émanait de lui, en dépit de la vulnérabilité extrême de son corps usé par les ans était impressionnante. L'espace autour de lui vibrait intensément : quelque chose de sacré laissait planer un parfum ineffable.

J'étais fascinée par ce vieil homme, dont les yeux pleins d'un amour venu du fond des âges m'envoûtaient. J'avais la sensation qu'il lisait dans les miens avec aisance, et que malgré sa cécité quelques secondes lui avaient suffi pour savoir qui je suis, tout au fond de mon être. Intensément troublée, je l'ai salué spontanément avec un respect si profond que j'en fus impressionnée, mes mains se joignant sur mon cœur pour dire ce que mes mots ne pouvaient.

C'est dans ma chambre que la souffrance a commencé.

La morsure du manque.

Le supplice de l'absence.

« *Qui es-tu, toi qui malgré ton costume de misère, es si grand ? Où t'ai-je rencontré, toi que je sais connaître ? Que m'as-tu appris, dont l'oubli en cet instant me torture ?* »

Une sensation incoercible s'est levée : cet homme avait en d'autres temps été mon maître, et auprès de lui, jeune garçon, j'avais trouvé l'unité.

J'ai couru dans la rue pour le retrouver, pour être encore à ses côtés. J'ai cherché dans tout le village, questionné les gens, cherché encore. Je me sentais tout à la fois stupide d'avoir mis si longtemps à comprendre ce que, j'en étais pénétrée, il m'avait durant ces longues minutes communiqué dans la brillance sans fond de ses yeux... et désespérée. Je savais qu'il était une clé pour vivre enfin cet amour absolu que j'étais venue chercher jusqu'ici. Jamais je ne l'ai retrouvé.

De temps en temps, il lui arrive de me rejoindre.

En tout, cinq fois. Dont une en rêve.
Me laissant meurtrie.
Mutilée.
Mais, en égale mesure, vibrante d'un amour insensé.

Sa dernière visite eut lieu en Provence, lors d'un stage de yoga, il y a quelques années. Je reposais sur le tapis, après trois heures et demie de travail postural, l'esprit vidé, en état de total abandon.

Mon maître d'autrefois m'est apparu, sans s'annoncer, selon l'usage.
Juste le visage.
Pas un mot.

Une fois encore, l'amour et l'intimité profonde de son regard de feu m'ont enveloppée, brûlant mon âme, calcinant tout mon être. Cet homme me connaît incomparablement mieux que moi-même, c'est évident. Ce qui me désole, infiniment, c'est de n'arriver toujours pas à comprendre son message qui demeure, comme ses visites et sa présence persistante, un insondable mystère. Me reste la sensation horrible de « passer à côté ».
Ces moments de fusion avec lui me mettent en état de chaos.
La nostalgie est un bouleversement profond.
L'amour aussi.

ANNEXE 5

Splendeur des âmes blessées, « Multidimension », p. 306.

(...) Il arrive donc, dans certaines circonstances exceptionnelles, que les chemins des réalités expansées puissent se rencontrer et fusionner quelques précieux instants. Mais, plus merveilleux encore, certains de ces moi vivent sur Terre dans le même présent que nous-même, et parfois, comme une grâce qui nous est accordée, nous pouvons nous croiser. On peut lire, dans *Osmose Temporelle* : « Certaines de nos extensions de conscience sont en expérimentation sur Terre et d'autres le sont ailleurs, dans des sphères spatio-temporelles-dimensionnelles différentes. La possibilité d'entrer en lien avec l'une d'elles ou de l'accueillir s'effectue par l'intention du cœur [...] »

Certaines de nos extensions de consciences sont en expérimentation sur Terre... Voilà ! Tout s'éclaira subitement ! Dans un éclair je sus que c'était l'une d'entre elles que j'avais rencontrée seize ans plus tôt dans la ruelle d'un village du sud de l'Inde.

Cet homme n'est pas mon maître.
Il est un maître, bien sûr.
Mais le secret que je n'arrivais pas à percer, et qui se dévoila à mes yeux émerveillés, c'est qu'il est un autre

moi-même. Le sentiment d'intimité tellement particulier que je ressens envers lui, et cette sensation aiguë qu'il vient me révéler une vérité première : tout prit sens. Tout se mit en place dans mon esprit, mais surtout dans mon corps qui s'apaisa, délivré de l'angoisse de l'oubli.

ANNEXE 6

De la douleur à la douceur, « DIX-SEPT », p. 81.

Il est des couloirs secrets que seule connaît notre âme.
Des couloirs couleur d'or qui nous mènent à nous-mêmes, à un autre niveau.
Il est des mondes où nous sommes autres.
Bien différents de ce que nous connaissons.

Des mondes où il n'y a pas d'humains.
Où les êtres se font fleurs, ou bien oiseaux, brumes arc-en-ciel, baleines, dauphins, papillons.
Lumière pure.
D'autres formes encore, auxquelles nous serions bien en peine d'apposer un nom.
D'autres formes, animées par une conscience si haute, que la nôtre, quotidienne, paraît touchante en comparaison, à l'image d'un tout petit enfant qui ne connaît rien à rien...

À un certain niveau pourtant, ces êtres sont nous-mêmes.
Entre eux et nous existe un lien intime, personnel, très puissant. Bouleversant.

Un monde de fleurs.

Un univers tout de parfum.

Je suis une rose.

Mon Dieu, c'est tellement délicieux...
Je respire, et répands le pur Amour de Dieu.

Je suis – comment décrire ? Un Être Rose...
Parmi un peuple Rose. Et tout est évident.

Je suis une rose de taille humaine, pourrait-on dire, qui ondule, pense, éprouve des sentiments. Plus exactement, son mouvement, son mode, son rythme, ne sont pas du registre *des* sentiments.

Un seul m'anime.

Cet être que je suis palpite l'amour.

Je suis dans un monde où les êtres sont des Roses, où la sagesse et l'amour qui règnent sont tels, tellement inexprimables, que seule la vibration de la note la plus haute d'un stradivarius parfaitement accordé pourrait très légèrement rendre compte de la subtilité de ces ondes, frémissements, frissons, doux tremblements, qui constituent leur rapport au vivant.

Je suis dans un monde où règne la joie pure...

La joie pure, l'innocence, la béatitude et l'extase de ceux qui respirent la divine abondance, la reçoivent comme une bénédiction.

Je connais bien le couloir qui y mène, et, pendant plusieurs années, lorsque la nostalgie était trop grande, j'aimais aller m'y délecter, m'y fondre, certains jours où la vie sur la Terre et les difficultés des humains me laissaient un goût amer.

M'y fondre, dissoudre mes larmes, goûter, savourer cette qualité, cette essence si exquise qu'aucun mot ne saurait le rapporter. Aucun mot, si ce n'est quelque chose en rapport avec une sublime, et consciente d'elle-même, divinité.

ANNEXE 7

Splendeur des âmes blessées, « La petite fille », p. 63.

Un jardin immense, au printemps.

Une immense, immense, pelouse vert vif.

Au milieu, seule, une toute petite fille, peut-être quatre ans. Accroupie dans l'herbe, très appliquée, elle cueille un minuscule bouquet.

Soudain, elle s'arrête dans son mouvement. On dirait qu'elle écoute un oiseau, qu'elle regarde un nuage. Son visage relevé reflète une douceur poétique.

Elle sourit.

Accroupie, sa jupe claire enveloppant ses genoux, ses cheveux blonds brillent au soleil d'avril, son bouquet en suspens dans sa toute petite main. Quelques pâquerettes, deux violettes, et trois boutons d'or.

Elle ne bouge plus, immergée dans son monde intérieur.

Tous les enfants du monde peuvent être vus dans ce genre d'attitude. Immobilité. Attention dirigée ailleurs.

Bonheur.

Cette petite fille, c'est moi.

Ce n'est pas un nuage qui me fait lever la tête.
Ce n'est pas un oiseau que j'écoute.
C'est un « Monsieur », tout rose, tout mauve.
Transparent.
Magnifique.
Il vient d'arriver et s'est installé, un genou dans l'herbe, face à moi. Il émane de lui un très doux parfum.

Je le connais très bien, et je l'aime.
Rayonnant de lumière, il me parle, il me parle longtemps, avec une infinie douceur.
Il me remplit d'amour.
Puis, avec un lumineux sourire, légèrement, il s'envole.

REMERCIEMENTS

Merci à vous, Michka et Tigrane, chers éditeurs, chers amis, de m'avoir accueillie pour cette troisième aventure. Faire partie de votre belle maison est un vrai bonheur.

Un chaleureux merci aussi à toute l'équipe de Mama Éditions.

Merci infiniment à Ernest, Geneviève et Aurélie.

À Odile Martin, Sophie Dupont, ainsi qu'au Dr Frédéric Nadal.

Un merci tout spécial à M. Viette.

Merci à ceux qui m'ont permis de raconter un morceau de leur histoire : soyez assurés que c'est une très grande aide pour de nombreuses personnes.

Un immense merci à toutes celles et ceux qui m'ont fait confiance depuis mon premier livre chez Mama : journalistes, libraires, associations et salons.

Merci à Béatrice Stevenin d'être là.

Et merci de tout mon cœur à Clara et Laura Laperrousaz, pour votre relecture précise, vos innombrables suggestions, vos apports si intéressants. Merci d'être mes coéquipières depuis la nuit des temps.

À PROPOS DE L'AUTRICE

Agnès Stevenin est guérisseuse. Elle a découvert son don à l'âge adulte, alors que, mère de famille que rien ne prédisposait à cela, elle s'est soudain mise à voir les corps énergétiques des gens, et à savoir qu'elle pouvait les soigner. Sa vie a alors basculé de l'état ordinaire à celui de soignante énergétique.

Dans les premiers temps, elle fait son apprentissage sur ses filles, ses sœurs, ses chats, quelques amies. Elle comprend assez rapidement qu'elle doit poser ses mains sur les gens, pour avoir un contact plus direct avec eux. Ainsi, l'onde énergétique peut circuler partout, dans les systèmes, les tissus, les cellules, les molécules, les atomes. Agnès apprend à maîtriser son don, fait face aux doutes et devient guérisseuse de manière complètement autodidacte.

Elle vit à Paris et met aujourd'hui son expérience et ses facultés au service des autres dans l'aide à la guérison, physique, émotionnelle et spirituelle.

En 2014, elle publie chez Mama Éditions son autobiographie *De la douleur à la douceur*, *Transmutation*, dans laquelle elle partage son parcours extraordinaire ainsi que son expérience d'énergithérapeute. Ce témoignage d'une grande douceur, qui ouvre les portes d'un autre monde, a rencontré un grand succès.

Après la révélation de son premier ouvrage, elle signe, en avril 2018, *Splendeur des âmes blessées, Libération*. Avec ce nouveau témoignage, elle révèle des étapes cruciales de son cheminement. Accompagné par Agnès Stevenin dans cette lecture aussi mystérieuse que bienfaisante, le lecteur s'engage dans une vie plus vivante, où le soin de soi-même et d'autrui est central.

Pour en savoir plus :
https://agnesstevenin.com

BIBLIOGRAPHIE

Mes « chers collègues » de Mama Éditions :

DILLENSEGER Marie-Pierre, *Debout.*

FAVRE Lena, *L'Envol vers soi.*

FELLA Audrey, *Femmes chamanes.*

HARNER Michael, *Cavernes et cosmos.*

HUGUELIT Laurent, *Mère.*

MICHKA, *La grande dame du cannabis se dévoile.*

PIETRZAK Brigitte, *Ciel blanc, Ciel noir.*

REBOUL Peggy, *Consciences animales.*

SUDMAN Nathalie, *(Re)vivre.*

ALLIX Stéphane, *Nos âmes oubliées*, Albin Michel.

BARRÉ Claire, *Pourquoi je n'ai pas écrit de film sur Sitting Bull*, Robert Laffont.

CALESTRÉMÉ Natacha, *La clé de votre énergie,* Albin Michel.

CHARBONIER Jean-Jacques, Dr, *J'ai envoyé dix mille personnes dans l'au-delà*, Michel Lafon.

COENRAETS Marie-Pascale, *Lettre d'amour de l'au-delà aux êtres humains,* Éditions Mols.

DARRÉ Patricia, *Mes rendez-vous avec Walter Höffer*, Michel Lafon.

DE MONTMORT Sandrine, *Vivre pour apprendre*, Fauves Éditions.

DELOR Davina, *Il nous faut tous un jour apprendre à mourir*, Éditions Leduc.

DIDELOT Sylvain, *Transincarnation*, Éditions Atlantes.

ÉREAU Réjane, *La vie avant la vie*, Le lotus et l'éléphant.

GIVAUDAN Anne, *Petit manuel pour un grand passage*, Éditions S.O.I.S.

MATHIEU Monique, site ducielalaterre.org

MEUROIS Daniel, *Le non désiré*, Le Passe-Monde.

MIÈGE Loan, *À la rencontre des esprits de la nature*, Éditions Exergue

MUTOMBO Gregory, *La symphonie des âmes*, Trédaniel.

NOREK Olivier, *Impact*, Albin Michel.

PÈRE André-Marie, *Le rêve d'un monde meilleur*, « La Demeure », 80290, Croixrault

TENTILLIER Sophie-Marion, *Pourquoi tous ces kilos ?*, Grancher.

TUFFIGO Anne, *Il suffit parfois d'un signe*, Albin Michel.

WEISS Brian, Dr, *Une même âme, de nombreux corps*, Trédaniel.

INDEX

A

B

C

D

E

N

P

R

SOMMAIRE

NOTES

NOTES

NOTES

NOTES

NOTES

NOTES

CHEZ LE MÊME ÉDITEUR

COLLECTION TÉMOIGNAGES
DES PARCOURS AUX FRONTIÈRES DE L'EXTRAORDINAIRE

Dans le silence de l'amour
Agnès Stevenin

Plus qu'un témoignage intime, ce troisième volet autobiographique d'Agnès Stevenin est une transmission qui agit par les mots, mais aussi par l'énergie vibratoire quelle diffuse. L'autrice nous accompagne dans la pacification de notre être, grâce à sa familiarité avec une autre réalité.

Dans le noir on voit mieux
Les épreuves d'une chamane
Céline Dartanian

Des open spaces médiatiques aux grands espaces chamaniques, une jeune publicitaire relève les défis de son initiation.

Ma peau d'un autre monde
Voyage initiatique en terres aborigènes
Vanessa Escalante

Une plongée dans les secrets de la plus ancienne culture du monde, au fil d'un témoignage intime et immersif.

La grande dame du cannabis se dévoile
Michka
Préface de Catherine Deneuve

Une guerrière pacifique – un récit kaléidoscopique qui, subtilement, fait du bien.

[re]vivre

Mon expérience de mort imminente en Irak

Natalie Sudman

Toute fin est un commencement.
Le récit d'une époustouflante plongée dans l'au-delà.

Une psy parle aux esprits

Martine Gercault

Préface de Stanislav Grof, Postface de Sandra Ingerman

Découvrir de nouvelles voies d'accès à l'inconscient pour évoluer vers le plaisir d'être.

Splendeur des âmes blessées

Libération

Agnès Stevenin

Préface de Stéphane Allix

Après la révélation de son livre *De la douleur à la douceur*, Agnès Stevenin signe un nouveau témoignage qui nous dévoile un univers aussi mystérieux que bienfaisant.

De la douleur à la douceur

Transmutation

Agnès Stevenin

Comment passer de la souffrance à la paix ? L'inspirant parcours d'une guérisseuse hors pair nous ouvre les portes d'une autre perception.

Lorsque j'étais quelqu'un d'autre

Stéphane Allix

Partir à la découverte de soi-même peut mener sur d'étranges chemins. Pour se ressourcer et faire le point sur sa vie, Stéphane Allix entame une retraite en forêt. Il ignore qu'il va se confronter à l'impensable.

De la main gauche

Une autobiographie

Livres 1, 2 & 3

Michka

Ce récit éminemment féminin, audacieux et captivant, qui traite des drogues et du sexe sans aucun tabou, nous fait découvrir un parcours débordant de vie. Une stimulante philosophie de l'existence.

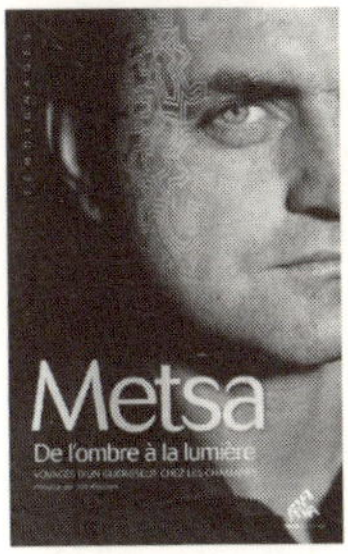

De l'ombre à la lumière

Voyages d'un guérisseur chez les chamanes

Metsa (Préface de Jan Kounen)

Ayant découvert le chamanisme à la suite d'une expérience de mort imminente, François Demange, alias Metsa, nous livre le récit captivant d'une initiation hors du commun. Adopté comme apprenti par des guérisseurs reconnus en Amazonie et en Amérique du Nord, ce Français s'immerge dans ces cultures traditionnelles et devient chamane.

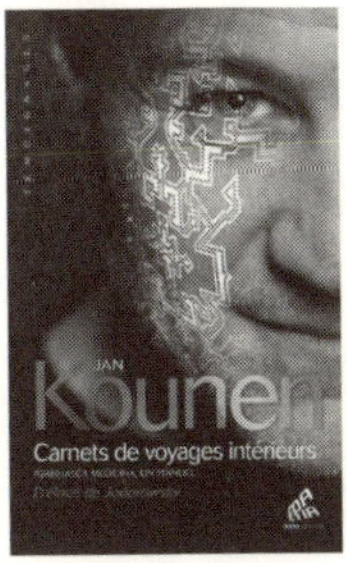

Carnets de voyages intérieurs

Ayahuasca medicina, un manuel

Jan Kounen (Préface de Alejandro Jodorowsky)

Cinéaste frappadingue et infatigable explorateur de la psyché, Jan Kounen nous livre les différentes facettes de sa personnalité hors norme dans ces carnets intimes, sincères et téméraires, doublés du premier guide d'approche de la médecine traditionnelle de l'ayahuasca en Amazonie.

COLLECTION CARTES & LIVRETS

DE LA CONNAISSANCE À LA RÉALISATION

Le Chamanisme (Coffret 1)

par Laurent Huguelit

Découvrez la spiritualité chamanique autrement, ses liens avec le monde moderne, les esprits et la nature.
Un outil complet pour stimuler la réflexion, développer l'inspiration et mettre en pratique des savoirs ancestraux.

Ouvrage de référence :
Le Chamane & le Psy

INCLUS DANS LE COFFRET
- Un jeu de 101 cartes
- Un livret de 120 pages
- Un plateau recto verso

Le Soin

par Agnès Stevenin

Découvrez la thérapie énergétique autrement, ses liens avec le corps, l'esprit et l'invisible.
Un outil complet pour stimuler la guérison, développer le bien-être et mettre en pratique de précieuses perceptions.

Ouvrage de référence :
De la douleur à la douceur

INCLUS DANS LE COFFRET
- Un jeu de 101 cartes
- Un livret de 120 pages
- Un plateau recto verso

L'Alignement
par Marie-Pierre Dillenseger

Découvrez la pensée chinoise autrement, ses liens avec la société contemporaine, notre être profond et notre chemin personnel. Un outil complet pour s'accomplir, passer à l'action et mettre en pratique une sagesse millénaire.

Ouvrage de référence :
Oser s'accomplir

INCLUS DANS LE COFFRET
- Un jeu de 150 cartes
- Un livret de 176 pages
- Un plateau recto verso

L'Oracle de la chamane
par Brigitte Pietrzak

Découvrez la divination chamanique autrement, l'accès aux esprits, les animaux de pouvoir et la force de l'invisible. Un outil pratique pour stimuler la vision intérieure, développer les sens subtils, et interpréter les messages délivrés par les guides.

INCLUS DANS LE COFFRET
- Un jeu de 52 cartes
- Un livret de 72 pages
- Un plateau recto verso

Première édition originale, premier tirage

Photographie(s) de couverture © Kunchit (Adobe Stock)
Portrait de l'auteur © Alain Potignon
Conception graphique Philippe Fourquet

Achevé d'imprimer en septembre 2021
sur les presses de Pulsio
pour le compte de Mama Éditions.

Ce livre est issu de forêts gérées durablement
et de sources contrôlées.

ISBN 978-2-84594-366-7
Dépôt légal octobre 2021

L'imprimerie Pulsio est titulaire des labels :

PEFC
PEFC/01-32-409

FSC
FSC® C128169